Richard Nimmerrichter

Angeblich vertraulich

Richard Nimmerrichter

Angeblich vertraulich

Staberl-Erinnerungen

Universitas

Besuchen Sie uns im Internet unter
http://www.herbig.net

Umschlaggestaltung: Wolfgang Heinzel
Umschlagzeichnung: Prof. Erich Sokol, Mödling
Herstellung und Satz: VerlagsService Dr. Helmut Neuberger
& Karl Schaumann GmbH, Heimstetten
Gesetzt aus der 10,5/13,5 Punkt Trump Mediaeval
Druck und Binden: Wiener Verlag, Himberg
Printed in Austria
ISBN 3-8004-1444-9

Inhalt

Vorwort

Zu allem Anfang gleich eine gute Nachricht für alle jene Leser dieses Buches, die vor dessen Erwerb vielleicht erst eine gewisse Hemmschwelle überwinden mussten, weil doch der Untertitel »Staberl-Erinnerungen« zunächst den Verdacht erregen konnte, hier sei schon wieder einmal einer forsch ausgezogen, um auf herkömmliche Art seine Memoiren zu schreiben. Auf Ehre und Gewissen aber: das liegt mir ähnlich fern wie der Mars!

Die Produktion von Memoiren aller Art schießt ja derzeit arg ins Kraut; die Sache ist, um es auf Neudeutsch zu sagen, »in« geworden. Unter den vielen Memoirenerzeugern, die neuerdings schon erhebliche Kontingente von Lesern in die Flucht schreiben, ist aus jüngerer Zeit etwa ein Herr in Erinnerung, der als jederzeit getreuer Billeteur im Theater jahrzehntelang pflichtgemäß den Kontrollkupon abgerissen hat; wobei sich unter den Abreiß-Kandidaten freilich auch so mancher Prominente befunden haben mochte. Eine Dame wiederum, die vor fünfzig Jahren als damals properes Filmsternchen die Kinobesucher oder, wenn schon nicht das, dann zumindest diverse Regisseure, Produzenten, Inspizienten oder zumindest Beleuchter erfreut hat, wirft ebenfalls ihre Lebenserinnerungen auf den einschlägig bereits bis zum Überdruss gesättigten Markt. Eine weitere Autorin reiferen Alters, die ihren gleichaltrigen Mitschwestern die tröstliche Botschaft zukommen lässt, dass doch das Leben erst ab sechzig zu einer fast schon orgiastischen Lustbarkeit ausarten würde, findet beifällige Aufnahme. Zwei weitere Memoiren-Produzenten, von denen der eine im naturkundlichen Kabinett des Museums viele Jahre hindurch die freilich oft bizarr geformten Exponate der Mineraliensammlung abgestaubt hat, während sich der andere ähnlich lang dem Trompetenblasen in diversen, wenngleich nicht ersten Orchestern geübt hat, wofür ihm dann vom Bundespräsidenten sogar der Professorentitel verliehen wurde, haben ihre aufwühlenden Lebensgeschichten ebenfalls nicht ungeschrieben belassen.

Man darf solche Sachverhalte eventuell mit einem Zitat des großen Komödienschreibers, Schauspielers und Philosophen – jawohl: Philosophen! – Johann Nestroy versehen, der seinem Willibald in der Posse »Die schlimmen Buben in der Schule« Anno 1847 die folgende Aussage in den Mund gelegt hat:

»Der Mensch ist auch ein Federvieh, denn gar mancher zeigt, wie er a Feder in die Hand nimmt, dass er ein Viech ist.«

Zur Beunruhigung einer hoffentlich geneigten Leserschaft sei also nochmals versichert, dass hier keine Memoiren zu befürchten sind. Lediglich in dem Kapitel über eine riesige Menschenschlange des Jahres 1946 sowie auch in dem wahrheitsgemäßen Bericht über den Bezugsschein auf ein paar Schuhe, den ich im gleichen Jahr von der zuständigen Obrigkeit ausgehändigt bekommen habe, sind einige persönliche Erinnerungen nicht zu vermeiden gewesen. Dies aber keineswegs, weil ich mich etwa für enorm wichtig gehalten hätte. Die Gründe lagen anderswo: Die Menschenschlange ringelte sich gewissermaßen als Beginn meines Journalisten-Daseins, das dann ein halbes Jahrhundert lang andauern sollte. Die Geschichte über den Schuh-Bezugsschein der ersten Nachkriegszeit aber mag als eine Art Parabel für die nur aus heutiger Sicht unverständliche Tatsache gewertet werden, dass zwischen dem materiellen Status eines Menschen und seiner subjektiven Zufriedenheit im Leben fast gar kein kausaler Zusammenhang besteht.

Wenn ich nun auch den äußeren Hergang meines Lebens – auf Ehr' und Gewissen! – keineswegs für wichtiger halte als die Lebensläufe gar vieler anderer, so meine ich denn doch, dass die unzähligen Begegnungen, die ich im Lauf der Jahre mit anderen Menschen gehabt habe, durchaus des Berichtens wert sind.

Um eine halbwegs gute Nachred' bittend, bericht' ich also!

Bezugsschein anno 46

In die für jeden modebewussten Gentleman richtungsweisende Zeitgeist-Illustrierte »Harper's Bazar« hätte ich, als ich am 4. November 1946 auf dem Wiener Nordwestbahnhof einem Viehwaggon entstieg, wohl kaum hineingepasst. Mein »Outfit«, wie man heute gern in schicken, um nicht zu sagen: in coolem Neudeutsch sagt, bestand ja kurioserweise aus einer vielfach geflickten italienischen Infanterieuniform: weiß der Kuckuck, wieso man mir die sechs Wochen zuvor, als ich in dem ziemlich genau zwischen Moskau und Stalingrad liegenden Gefangenenlager Tambow in einem Sanitätstransport in Marsch gesetzt worden bin, verpasst hat. Meine übrigen Kleidungsstücke waren der ramponierten Uniform gewissermaßen kongenial angepasst. Als Überzieher diente mir eine längst zerschlissene russische Steppjacke, als Kopfbedeckung eine von der Roten Armee wohl schon lang zuvor ausgemusterte Pelzkappe, der aber immerhin ganz ohne mein Zutun der Sowjetstern abgetrennt worden war. Simpel zu beschreiben auch mein Schuhwerk oder, wie man im vorliegenden Fall viel treffender sagen könnte: mein Holzpantoffel-Werk.

Zur Ehre der damals noch lange existierenden Sowjetunion, deren Gastfreundschaft ich seit dem 28. Juni 1944 genossen hatte, muss ich allerdings berichten, dass sie mir zur Feier meiner Entlassung aus der Gefangenschaft immerhin auch ein Paar Schuhe spendiert hatte. Doch schon am zweiten Tag der Reise, die dann noch wochenlang dauern sollte, hatte ich mit einer älteren russischen Dame einen gar prächtigen Handel abgeschlossen. Sie tauschte mir meine Schuhe gegen ein Paar Holzschlapfen um und hängte mir im Zug der langwierig ausgehandelten Transaktion als Wertungsausgleich noch einen halben Laib Brot sowie ein für die damals obwaltenden Verhältnisse recht ansehnliches Stück Speck aus. Es war ein faires Geschäft, denn beide Seiten waren hinterdrein recht zufrieden. Fast zwei Jahre lang, so hatte ich mir zuvor gesagt, hatte ich keine Schuhe an den Füßen gehabt, da mochte es jetzt noch eine Weile lang auch mit Holzpantoffeln dreingehen.

Damit ich's aber nicht vergesse! Meine Fitness war der Garderobe perfekt angepasst. Als Körpergewicht brachte ich bei Größe 1,78 eben mal 48 Kilo auf die Waage, somit hatte ich damals keinerlei Gewichts- oder Linienprobleme. Das Gesicht allerdings war den ganzen Tag über aufgedunsen, die Knöchel nur am Abend angeschwollen. »Hungerödem« sollte ein freundlicher Doktor im Wiener Rudolfsspital zwei Wochen später diagnostizieren, verursacht durch Eiweißmangel. Dass ich dazu im Winter 1944/45 innerhalb von drei Wochen auch noch Fleckfieber, Ruhr und eine doppelseitige Lungenentzündung eingefangen hatte, wird meine Verfassung wohl auch nicht wohltätig befördert haben.

Ich war aber damals ein überaus glücklicher Mensch. Erstens weil ich meine Angehörigen wohlauf vorfinden konnte; ganz besonders aber auch, weil mir der oben schon erwähnte Doktor – genau erinnere ich mich noch, dass er den für einen Arzt eigentlich unpassenden Namen »Medizinalrat Dr. Verderber« trug – zwei Wochen später die größte Freudenbotschaft übermittelte, die mir je zuteil werden sollte. Nämlich, dass ich organisch ganz gesund sei; dass ich mich also mit meinen Hungerödemen zu begnügen hätte; und dass dagegen kein Medikament aus der Apotheke, sondern allenfalls dreimal wöchentlich ein Schnitzel vom Fleischhauer zu verschreiben wäre. Leider aber gab es damals weit und breit weder Schnitzel noch andere Lebensmittel, die gegen Hungerödeme wirksam gewesen wären.

Meine endgültige Heilung von diesem in mehrfacher Hinsicht lästigen Leiden sollte erst so rund vier Monate später erfolgen. Dazu muss ich jetzt dem Gang der Ereignisse ein wenig vorgreifen – bis zu jenen drei Wochen im März 1946, da ich beim »Amerikanischen Nachrichtendienst« – einem von der Besatzungsmacht betriebenen Gratis-Pressedienst für die damals mühselig genug wieder erscheinenden österreichischen Zeitungen – meinen ersten journalistischen Posten bekommen hatte. Als unerhörte Vergünstigung dürften damals auch österreichische AND-Mitarbeiter in der amerikanischen Messe die Benefizien eines Mittagessens in Friedensqualität genießen. Der erste dieser damals sensationellen Anlässe ist mir bis heute in unauslöschlicher Erinnerung verblieben.

Wir waren vier Neulinge, denen an jenem Tag erstmals in der amerikanischen Messe die Vergünstigung einer Mahlzeit zuteil werden sollte, wie sie zumindest in unseren Breiten heute für jedermann selbstverständlich – und daher fast gar nicht geschätzt – ist. Wir saßen um einen kleinen Tisch und durften uns zunächst einmal an einer Suppe delektieren, wie sie heute in jedem drittklassigen Wirtshaus serviert wird; wie sie uns aber dazumalen wie ein kulinarischer Gruß aus dem Paradies erschien. Dann kam die Hauptspeise: panierte Fleischlaibchen (korrekte Aussprache: Hamburger), wie sie in Amerika zum Standardrepertoire jener Hausfrauen gehören, die ihre Lieben nicht praktischerweise gleich zu McDonald's speisen schicken.

In der Schüssel, die uns die Serviererin dazu auf den Tisch stellte, lagen wohlgezählte sechs Hamburger. Jeder von uns verzehrte mit eminentem Appetit einen davon; zusammen mit einer angemessenen Portion von Erdäpfelpüree, das aber im gegebenen Ambiente wie »mashed potatoes« auszusprechen war.

Nun aber lockten noch die restlichen zwei Hamburger aus der Schüssel, begehrlich beäugt von jedem von uns. Keiner wollte unbescheiden sein, keiner griff sich daher eines der zwei vermeintlichen Überbleibsel. Doch dann fasste sich einer ein Herz. »Wir werden doch die zwei Fleischlaberln nicht zurückgehen lassen«, meinte er, uns dreien aus der Seele redend. »Daher werden wir die zwei Stück jetzt teilen. Dann kann jeder noch ein halbes Laberl essen ...«

Gesagt, getan. Wir säbelten die zwei Hamburger entzwei, so dass sich jeder von uns noch ein halbes Fleischlaibchen einverleiben konnte. Damit war's aber noch lang nicht genug der Sensation. Da kam nämlich eben die Serviererin vorbei, warf einen kurzen Blick auf die nunmehr leere Schüssel, nahm diese vom Tisch und stellte ein paar Augenblicke später gleichmütig eine ganz andere Schüssel vor uns hin, Inhalt: sechs weitere panierte Hamburger.

Freuden dieser Art sind uns heutzutage im Wohlstands-Zeitalter längst versagt. Wer würde auch in unseren Tagen auf einen Sitz drei wohlproportionierte Fleischlaibchen inklusive zweier Portionen Erdäpfelpüree verdrücken, ohne sich am nächsten Morgen mit dem schlechtesten Gewissen auf die Waage zu stellen? Und wer weiß: Vielleicht waren diese Hamburger nach heutigen Begriffen ja gar nicht so gut. Vielleicht sind sie uns – Phänomen der Relativität – nur so gut vorgekommen.

Zurück zum Hergang der Ereignisse aber! Zurück zu jener Zeit, da ich noch lang nicht beim Amerikanischen Nachrichtendienst war und daher auch nicht in der amerikanischen Messe Fleischlaberln essen durfte, sondern mich eventuell mit jenem Erbsenpulver begnügen musste, das gerade »ersatzweise« auf der Fleischkarte »aufgerufen« war. Zurück in die damalige Normalzeit also, die freilich alles andere als normal gewesen ist. Was hat da mein neuer und neu erstandener Heimatstaat, die Zweite Republik von Österreich also, für mich getan oder, besser gesagt, für mich tun können? Antwort: Vater Staat händigte mir als einziges Benefiz für den freilich auf jeden Fall sehr glücklichen Heimkehrer einen Bezugsschein auf ein paar Herrenschuhe aus.

Ein Bezugsschein war damals eine feine Sache. Aber noch feiner wäre es gewesen, wenn man dafür auch etwas bekommen hätte. Dem war aber keineswegs so. In der Realität dieser ersten Nachkriegszeit bildete so ein Bezugsschein vielmehr nur eine Art Verhandlungsbasis. Wollte man den Artikel, auf den der Bezugsschein ausgestellt war, tatsächlich einheimsen, musste man auf den Schein noch etwas draufgeben. Zum Beispiel eine Packung Zigaretten oder ein Stück Wurst. Freundlich akzeptiert wurden auch, genau erinnere ich mich noch, Feuersteine, Fahrradketten oder Nähnadeln. Wer nur den Schein vorweisen konnte – um den offiziellen Gegenwert in Geld ging es ja ohnehin nicht –, war übel genug dran. »Eahnen Bezugsschein«, sagte mir der Verkäufer eines Schuhgeschäftes in der Wiener Mariahilferstraße völlig ungerührt, »den könnens S' Eahna in die Haar schmieren …!«

Doch dann ereignete sich das große Wunder. Die Inhaberin eines kleinen Schuhladens auf dem Wiener Graben, der ich offenbar in meinem jämmerlichen Aufzug und mit meinem geschwollenen Gesicht Mitleid abverlangt hatte, gab mir einen unschätzbar wertvollen Rat. In der Taborstraße 8 im zweiten Gemeindebezirk, so verriet sie mir, seien eben etliche Paar Schuhe eingelangt. Ich sollte mich auf meine gütige Händlerin berufen und würde dann Schuhe bekommen.

So schnell mich meine Beine trugen, klapperte ich in meinen Holzpantoffeln vom Graben bis in die Taborstraße. Und dort bekam ich, genau fünf Tage vor Ablauf meines Bezugsscheins, tatsächlich ein Paar Schuhe. Lederne sogar, wenn sie auch als Sohle den Gummi alter Autoreifen aufwiesen.

Da fällt mir jetzt mein alter, leider schon lang verstorbener Freund Fritz Knechtel ein, der als Spross einer österreichischen Familie im Orient aufgewachsen war und von dort ein beachtliches Talent als Geschichten- und Märchenerzähler mitgebracht hatte. Es gibt, so berichtete mir Fritz einmal, ein Glücksthermometer. Dieses sieht wie ein Fieberthermometer aus und ist auch in gleicher Weise zu benützen; nur misst man damit nicht die Temperatur, sondern das Glücksempfinden eines Menschen. Auch unterscheidet sich die Skala grundsätzlich von der eines Fiebermessers. Die Glücksthermometer-Skala reicht von null bis hundert Grad; wobei null das totale Unglück, hundert hingegen das totale Glück bedeutet. Beides, so erläuterte mir Fritz mit feierlichem Ernst, kommt im Leben des Menschen nie vor. Aber wenn einer, nur so zum Beispiel, das Glücksthermometer in die Achselhöhle tut und nachher, sagen wir, 67 Grad abliest: dann kann er sich schon als rechtschaffen glücklicher Mensch preisen.

Als ich an jenem Tag das Schuhgeschäft Dorn in der Taborstraße verließ und meine ersten Schuhe seit bald zwei Jahren hatte, erinnerte ich mich an Fritzens Glücksthermometer, steckte es unter die Achsel und las dann das Ergebnis ab: 95 Grad, nahe am totalen Glück!

Ich gehöre schon seit langer Zeit zur raren Gattung der zufriedenen Menschen. Wann immer ich nachdenke, freue ich mich, dass ich gesund bin, keine Sorgen habe und dies oder jenes im Leben genießen darf. Nie bin ich daher dem geheimen Wunschtraum nachgehangen, mein Leben doch noch einmal von vorn beginnen zu dürfen – ich rechne mir keine Chancen aus, dass mir alles nochmals so gut gelingen könnte.

Aber 95 Grad auf Fritz Knechtels Glücksthermometer? Die habe ich auch zu den allerfreudigsten Anlässen meines Lebens seither nie wieder erreicht.

Dazu müssten vorerst wieder Weltkriege oder ähnlich geartete Katastrophen daherkommen, die man durch eine Verkettung glücklicher Umstände gerade noch überlebt. Aber dergleichen ist ja auch wieder nicht gerade wünschenswert.

In einer Schlange des Jahres 1946

Vor meinen Augen ringelte sich an jenem unfreundlichen Februartag des freilich auch sonst eher unfreundlichen ersten Nachkriegsjahres 1946 eine der längsten Schlangen, derer ich in den knapp vier Monaten seit meiner Rückkehr aus Krieg und russischer Gefangenschaft ansichtig geworden war. Menschenschlangen waren ja in diesen Tagen – nicht unähnlich den freilich schon vor 65 Millionen Jahren plötzlich ausgestorbenen Dinosauriern – eine an allen Ecken und Enden anzutreffende Spezies. Man stellt sich um Bezugsscheine oder Lebensmittelmarken an, um Vormerkungen beim Wohnungsmarkt oder um jene Nichtregistrierungsbescheinigungen, die das politisch korrekte neue Staatsvolk von den alten Nazis trennen sollten. Und so mancher, der in diesen Tagen zufällig an einer Menschenschlange vorbeikam, stellte sich an deren Schwanzende an; wer weiß, vielleicht wurde da irgendetwas aus- und zugeteilt, das man in dieser Zeit des allgemeinen Mangels an jeglichem Überfluss mit Sicherheit gut brauchen würde.

Die riesige Schlange, die sich damals vom Druck- und Verlagshaus Waldheim-Eberle von der im 7. Wiener Gemeindebezirk gelegenen Seidengasse bis schier zur Neubaugasse erstreckte, war indes von grundsätzlich anderer Art und Beschaffenheit. Ihren einzelnen Gliedern ging es nicht, wie man annehmen sollte, um Lebens- und Überlebensmittel, auch Heizmaterial oder Kleidungsstücke waren nicht unmittelbar zu erwarten; vielmehr waren die an Zahl fast unübersehbaren Schlangensteher von einem Inserat in der damals von der amerikanischen Besatzungsmacht herausgegebenen Tageszeitung »Wiener Kurier« ähnlich magisch angezogen worden, wie man dies gemeinhin den Motten in Bezug aufs Licht nachsagt. In dieser Anzeige wurden »Übersetzer und Redakteure« gesucht, die, mit guten Englischkenntnissen ausgestattet, einem ebenfalls von der Besatzungsmacht betriebenen »Amerikanischen Nachrichtendienst«, per Kürzel AND, dienlich sein könnten. Verlangt wurden neben einem möglichst tadellosen Englisch auch ausreichende Kenntnisse der deutschen Sprache und ihrer nicht nur für Amerikaner bisweilen recht vertrackten Orthographie.

Geboten aber wurde zweierlei. Erstens einmal eine »gute Bezahlung«, was in jenen Tagen freilich von eher untergeordneter Bedeutung war. Das Geld hatte dazumalen ja wenig bis gar keinen Wert: die wahre Währung wurde vielmehr in Fleisch, Speck, Öl oder Mehl abgerechnet. Dazu gesellten sich in kurioser Weise auch noch so abwegige Artikel wie Feuersteine, Fahrradketten oder Nähnadeln. Nur wer solche Güter besaß und damit bezahlen konnte, war fein heraus.

Wie aber war es denn zu der Riesenschlange von der Seiden- bis fast hinunter zur Neubaugasse gekommen? Was wäre mit einer noch so »guten Bezahlung« schon anzufangen gewesen? Ach ja, da war aber in jenem Inserat noch etwas geboten worden, das, auf dem schwarzen Markt erworben, vielleicht ein ganzes Monatsgehalt verschlungen hätte. Allen ausgewählten künftigen Übersetzern und Redakteuren des AND war auch noch ein tägliches Mittagessen in einer unfernen amerikanischen Messe verheißen worden – und das war ja nun Grund genug, auch an einem nasskalten Wintertag stundenlang in einer Warteschlange auszuharren.

So stand ich denn auch in der großen Schlange. Die Hoffnung war nicht groß und schrumpfte dann noch auf ein Minimum, als unter den Anwärtern auf einen Posten mit Mittagstisch in der amerikanischen Messe die Kunde ruchbar wurde, dass lediglich zwei Übersetzer und Redakteure gesucht würden. Doch hofft der Mensch, so lang er lebt: War es nicht auch schon vorgekommen, dass einer mit einem einzigen kleinen Los in der Lotterie den Haupttreffer gewonnen hatte?

Heute würde man für einen solch griffigen Vergleich wohl eher den »Jackpot« heranziehen. Aber diesen Begriff hat es in unseren Breiten damals noch ebenso wenig gegeben wie so manch andere Vokabeln des sich unaufhaltsam immer weiter ausbreitenden Idioms einer kuriosen neudeutschen Sprache.

Ich hatte kaum zwei Stunden lang gefroren und meine nassen Füße beklagt, als ich aber auch schon bis in den

Kopf der Schlange vorgedrungen war und wenig später bereits im Büro eines leibhaftigen amerikanischen Majors namens Grossmann stand; das viel zitierte Langzeitgedächtnis funktioniert ja auch bei Leuten wie mir noch hervorragend, die aber dafür oft genug nicht wissen, wohin sie vor zwei Minuten ihre Brille gelegt haben.

Unser Major begann das Gespräch ohne Umschweife auf Englisch. Unser Dialog dauerte aber nur ein paar Minuten, dann erteilte Grossmann seiner Sekretärin durch die halb geöffnete Tür die Order, alle weiteren Kandidaten heimzuschicken: er habe soeben auch den zweiten Anwärter ausgewählt. Diese Anordnung erfolgte dann in deutlich wienerisch gefärbtem Deutsch; der jetzige amerikanische Offizier war sechs Jahre zuvor dem Naziregime gerade noch durch rechtzeitige Emigration entkommen.

Jetzt wandte der Major sich wieder mir zu. »Wann können Sie anfangen?«, fragte er. »Sofort«, entgegnete ich wahrheitsgemäß. »Gut. Kommen Sie am Montag um neun Uhr, dann erfahren Sie alles Weitere.« Ehe ich aber nun mit einem freundlichen Händedruck entlassen wurde, hatte Grossmann noch eine kleine, wohl nur rhetorisch gemeinte Frage parat. »Maschinschreiben können Sie ja«, sagt er nur so pro forma, ohne etwas anderes als ein zustimmendes Ja zu erwarten.

Da war es aber nun an mir, den Major mit einer leider wahrheitsgemäßen Antwort in maßloses Erstaunen zu versetzen. »Nein«, bekannte ich. »Maschinschreiben kann ich nicht.«

Wäre ich als grünes Männchen eben vom Mars heruntergefallen, der amerikanische Major Grossmann hätte erstaunter nicht sein können. »Wie bitte«, stieß er ganz verdattert hervor. »Sie wollen ein Journalist sein – und Sie können nicht Maschinschreiben ...?«

Jahre später, als ich mich auch in Amerika im journalistischen Metier ein wenig umsehen konnte, begriff ich Grossmanns maßloses Erstaunen erst in vollem Umfang. In diesem Land gibt es, wie überall anderswo auch, gute und schlechte Journalisten; doch Zeitungsleute, die in diesen Zeiten vor Computer und Laptop nicht imstande gewesen wären, auf ihre mechanischen Schreibmaschinen blind und im Zehnfingersystem einzuhämmern, waren kaum irgendwo anzutreffen.

Zurück zu meinem Aufnahmegespräch mit Grossmann aber. Dem Erstaunen des Majors gesellte sich nun auch eine Portion Ratlosigkeit hinzu. »Was soll ich jetzt machen?«, meinte er unwirsch. »Da habe ich alle restlichen Kandidaten schon heimgeschickt, und nun erklären Sie mir in aller Unschuld, dass Ihnen eine Schreibmaschine fremd ist!« Hatte er dies auf Deutsch ausgestoßen, so ließ er dem nun auf Englisch eine weitere rhetorische Frage folgen: »Are you crazy ...?«

Ein bisschen verrückt muss ich wohl tatsächlich gewesen sein, als ich mich nun in schier auswegloser Lage tollkühn für eine Art Vorwärtsstrategie entschloss und den Major fragte, wann er mich denn, falls ich des Maschinschreibens kundig gewesen wäre, angestellt hätte.

»Am besten sofort«, sagte Grossmann unwirsch, »aber spätestens am 1. März.«

Da fühlte ich mich aber urplötzlich von jenen Kräften beflügelt, die auch Popeye, dem Sailor, nach dem geschwinden Genuss einer Portion Dosenspinat immer noch aus der Patsche geholfen hatten.

»Am 1. März«, versicherte ich mit jener Kühnheit, die einst vielleicht auch dem König Leonidas innegewohnt haben mochte, als er mit seinen dreißig Spartanern am Thermopylenpass dem persischen Heer getrotzt hatte: »Am 1. März kann ich auf der Maschine schreiben! Blind und mit zehn Fingern.«

In nur drei Wochen mit einer Schreibmaschine umgehen zu können wäre schon in normalen Zeiten schwierig genug gewesen. Aber jetzt, Anno 1946, im ersten und allerärgsten der von Mangel an rein allem gekennzeichneten Nachkriegswinter? Wo sollte da überhaupt eine Schreibmaschine zu finden sein, wenn man als Kaufpreis keinen Speck oder keine Zigaretten hatte?

Doch die schiere Not, so haben schon die großen Philosophen aller Epochen und Kulturen erkannt, verleiht ungeahnte Kräfte. Innerhalb von zwei Tagen hatte ich nicht nur leihweise eine Schreibmaschine aufgetrieben, sondern auch, aus einem Unterrichts- und Fernkurs stammend, eine schriftliche Anleitung zur Erlernung des Tippens im Blind- und Zehnfingersystem.

Jetzt büffelte ich an Hand der graphisch dargestellten Fingersätze täglich vom Morgen bis zum Abend, zuweilen auch bis tief in die Nacht hinein. Und am 1. März des

Jahres 1946 konnte ich auf der Maschine schreiben; blind und mit zehn Fingern. Bis heute bin ich dafür noch dankbar.

Staunend und auch mit deutlich geäußerter Anerkennung nahm es der Major Grossmann zur Kenntnis. Seine fortan für mich bekundete Sympathie sollte mir schon drei Wochen später auf eine unvorhersehbare Weise auf meinem Weg zum Journalistenberuf weiterhelfen. Da ließ mich Grossmann in sein Büro rufen und begann unser Gespräch zunächst mit der in meinen Ohren wohl klingenden Feststellung, dass er mit meiner bisherigen Arbeit sehr zufrieden sei. »Aber …«

Aber was? So vervollständigte ich mit insgeheimem Bangen Grossmanns Satz. »Aber unser Amerikanischer Nachrichtendienst ist eine Organisation der amerikanischen Armee. Die wird nun eines Tages aus Österreich abziehen, und Sie werden ohne Job dastehen. Daher rate ich Ihnen, lieber für eine private und kommerziell geführte Presseagentur zu arbeiten.«

Ah ja? So dachte ich abermals mit eher düsteren Vorahnungen weiter: Bei welcher denn?

Die Düsterkeit verflüchtigte sich aber umgehend, als mir der Major kurzerhand mitteilte, dass er bereits einen neuen und viel zukunftsträchtigeren Posten für mich hätte. Da war nämlich gerade ein Mr. Doug Werner als Vertreter der weltumspannenden Nachrichtenagentur »United Press« mit dem Auftrag nach Wien gekommen, hier ein UP-Büro einzurichten. Eine Woche später war ich wohl bestallter Angehöriger der »United Press of

America«, mit Mr. Doug Werner als meinem neuen Chef. Auch ihm und seiner Organisation, in deren Reihen ich vier Jahre lang bis zum Oktober 1950 bleiben sollte, bin ich bis heute dankbar. Bei der United Press habe ich viel gelernt, das mir in der Folge sehr zustatten kommen sollte.

Noch viel wichtiger für mich war aber der unerhörte Zeitgewinn, der mit meinem Wechsel zu einer der größten Nachrichtenagenturen der Welt für mich abfiel. Um es kurz zu machen: Ziemlich genau so viele Jahre, wie mir als unfreiwilligem, nach fünf Jahren lediglich zum Obergefreiten gewordenen Soldaten der Wehrmacht gestohlen worden waren, hatte ich jetzt als neuer UP-Mann wettgemacht. Ich war ja im Zeitungswesen der Zweiten Republik Österreich gewissermaßen in ein Vakuum vorgestoßen, das entstanden war, als sich seit den Märztagen des Jahres 1938 zweierlei getan hatte: Zuerst waren die zahlreichen Juden, die in der Ersten Republik oft genug sehr zum Vorteil ihrer Zeitungen tätig gewesen waren, vom Naziregime verjagt, wenn nicht gar umgebracht worden. Zweitens aber gab es in der Zweiten Republik wohl kein Gebiet, auf dem es nicht nur gegen alte Nazis, sondern auch gegen verhältnismäßig harmlose Mitläufer schärfere Sanktionen gegeben hätte als im Pressewesen. Die Zäsur war hier freilich ganz einfach: Wer in der Nazizeit jemals auch nur einen einzigen Artikel veröffentlicht hatte, fiel jetzt unter ein striktes Berufsverbot!

So war ich denn im Krieg und in der darauf folgenden russischen Gefangenschaft, der ich mit 48 Kilo Lebensgewicht gerade noch entrinnen konnte, ständig am Leben bedroht gewesen; doch jetzt, da ich die große Misere wie durch ein Wunder überleben konnte, hatte ich zumindest all die verlorenen Jahre wie durch einen einzigen Schlag aufgeholt.

Dass aber auf der amerikanischen Schreibmaschine, die ich jetzt im neuen und ebenfalls in der Wiener Seidengasse gelegenen Büro der United Press benützte, das Z dort war, wo sich bei uns das Y präsentierte – und umgekehrt –, hatte ich geschwind begriffen. Blind und mit zehn Fingern.

Nun war ich auf wundersame Art ins Zeitungsgeschäft geraten. Nun war ich, was ich seit meinem zwölften Jahr sein wollte: ein Journalist. Kleiner Rückblick hier: bis zum vierten Lebensjahr wollte ich dereinst Lokomotivführer werden. Was ich zwischen vier und zwölf Jahren werden wollte, ist mir entfallen. Vielen kuriosen Begegnungen mit Vertretern unseres und artverwandter Metiers waren nun Türen und Tore geöffnet.

Angeblich vertraulich oder Wie ich vom Ehemann ertappt wurde

Um es gleich vorweg zu nehmen: die Geschichte ist nicht ganz so abgelaufen, wie man das auf Grund des Titels vermuten könnte. Es gab also keine der bewährten Possen- oder Schwanksituationen, im Verlauf derer – der schon zuvor längst und mehrfach gehörnte – Ehemann links von der Bühne abtritt, worauf von rechts sofort der Hausfreund einreitet. Ich musste mich daher auch keineswegs in jenes Versteck flüchten, das nach dem ehernen Ritual der einschlägigen Komödienliteratur den Hausfreunden diverser Epochen unweigerlich zusteht, wenn der Ehemann aus diesem oder jenem Grund ganz unerwartet und reichlich vorzeitig wieder zurückkehrt. Ich musste also nicht in den Kleiderkasten.

Die Sache war, wie wir gleich sehen werden, ganz anders. Zum Verständnis der unerwarteten Wendung, die dem Verlauf der Ereignisse beschieden sein sollte, hätte ich zuvor aber noch zu enthüllen, dass ich mich bis zum heutigen Tag noch nie für den so genannten Gesellschaftstratsch und daher auch nicht für die einschlägigen Tratsch-Rubriken in den Zeitungen oder im Fernsehen interessiert habe. Obwohl ich als alter Hase im großen

Zeitungsgeschäft natürlich weiß, welch dankbares und zahlreiches Publikum die dort vollführten Enthüllungen von vorzugsweise intimer Machart stets finden, sind mir die unabänderlichen Fragen – Wer mit wem? Wo und warum? Wie oft und wie lange? – stets gleichgültig gewesen. Ich wusste und weiß daher auch nicht, welche Prominenten gerade mit wem verheiratet oder sonstwie verbandelt sind, auch nicht, seit wann sie gerade in Scheidung leben, um sich hinterdrein ohne Verzug in ein weiteres selbst verschuldetes Elend zu stürzen.

Die Geschichte spielt zwei oder drei Jahre nach meiner Rückkehr aus dem Krieg, 1947 oder 1948 also. Ich hatte in der bunt schillernden Zeitungs- und Journalistenbranche schon Fuß gefasst, war aber dem Status eines Anfängers, der da und dort in ein Fettnäpfchen tritt, noch lange nicht entwachsen. Zum Verständnis der folgenden Ereignisse wäre ferner anzumerken, dass ich in jenen vom Mangel an jedwedem Überfluss gekennzeichneten Nachkriegsjahren ein vergleichsweise fleißiger junger Spund gewesen bin, obwohl ich, frei sage ich's heraus, von der grundsätzlichen Veranlagung her eher der Faulheit zuneige.

Kleine Zwischenbemerkung hier: Wäre ich im Prinzip nicht vorzugsweise faul, sondern fleißig, so würde ich auf der Stelle ein Buch über die eminenten Vorzüge der menschlichen Faulheit im Vergleich zum blindwütigen Fleiß schreiben, der ganz zu Unrecht als beispielgebende Tugend des Menschen gilt; wobei in sträflicher Weise ganz außer Acht gelassen wird, dass die allergrößten Katastrophen der Menschheit nur auf den unbändigen Fleiß dieser oder jener Würdenträger zurückzuführen waren. Den zwei politischen Erzschurken des 20. Jahrhunderts, den Herren Hitler und Stalin also, wird man zum Beispiel sehr zu Recht alles nur Erdenkliche ankreiden dürfen, nur eines nicht – dass sie etwa faul gewesen wären. Was aber wäre der Welt doch erspart geblieben, wenn der Begründer jenes Tausendjährigen Reiches, das dann gottlob nur zwölf, in Österreich gar nur sieben Jahre währen sollte, sowie auch der Erlöser der Werktätigen und die von den bösen Kapitalisten stets so schnöde um den Mehrwert ihres Schuftens geprellten Massen unverbesserlich Faulpelze geblieben wären! Aber nein – putschen mussten sie schon in vergleichsweise jungen Jahren. Banken mussten sie ausrauben, um die revolutionäre Kriegskasse zu füllen! Da sieht man schon, wohin der Fleiß bisweilen führen kann. In wahren Wonneträumen aber dürfen wir uns ausmalen, um wieviel freundlicher die jüngere Geschichte doch abgelaufen wäre, wenn von den genannten Herren der eine gerade so viele Postkarten koloriert hätte, um halbwegs sein Drauskommen zu finden; und wenn der andere im fernen und georgischen Tiflis ein kaum überforderter Buchhalter bei der, sagen wir, zaristischen Genossenschaftsbank geworden und geblieben wäre.

Wie man aber doch, von der Phantasie beflügelt, in seinen Gedanken abschweifen kann! Gleich zurück daher zu der durchaus drolligen, weltpolitisch zum Glück freilich reichlich unbedeutenden Geschichte von meiner Ertappung durch einen, so viel kann jetzt schon gesagt werden, reichlich unwirschen Ehemann.

Weil mir in jenen Jahren nicht nur ein Hang zur Faulheit, sondern auch eine durchaus bürgerliche Komponente inne wohnte, die mich etwa nach einer Wohnung mit dazu gehöriger Einrichtung oder nach einer angemessenen Anzahl von Anzügen, Hemden oder Schuhen streben ließ, musste ich erkennen, dass die Befriedigung solcher Bedürfnisse nur unter Hintansetzung jeglicher Faulheit möglich sein würde. Daher übte ich neben meinem Hauptberuf bei der amerikanischen Nachrichtenagentur United Press noch diverse Nebenbeschäftigungen aus. So gehörte ich zum Beispiel, hier sogar ebenfalls fix angestellt, nicht nur der »Wiener Illustrierten« an, sondern war auch noch freier Mitarbeiter etlicher weiterer Zeitungen und Zeitschriften. Auch beim Radio wirkte ich wiederholt mit, und ab 1957 schreckte ich nicht einmal vor so manchen Tätigkeiten in der Sportredaktion des sich von da an immer bedrohlicher ausbreitenden Fernsehens zurück; in Schwarzweiß damals freilich nur.

Jetzt kommt aber endlich die Hauptsache. Die »Wiener Illustrierte« beauftragte mich damals, in einer ausführlichen Serie das Werden eines in diesen Tagen gerade gedrehten Films zu begleiten. Ich sollte also, angefangen von den ersten Finanzierungsgesprächen bis hin zum letzten Drehtag, alles getreulich schildern, was zu geschehen hat, ehe so ein Film dann endlich im Kino zu sehen ist.

Der Film, gedreht in Wien, hatte das Leben des Malers Anselm Feuerbach zum Thema, der 1929 in Speyer geboren und 1980 in Venedig gestorben war. Als Regisseur werkte der als Verfertiger vorzugsweise anspruchsloser Unterhaltungsfilme bekannte Geza von Cziffra, von missgünstiger, aber nicht ganz unorigineller Seite auch gern als »Geza von Ungecziffra« apostrophiert. Ich marschierte also zwei-, dreimal wöchentlich ins Filmstudio und hatte schon fünf Folgen der ganzen Serie veröffentlicht, als meine Tätigkeit plötzlich ein gleichermaßen abruptes wie verhältnismäßig schmähliches Ende fand. Um es kurz zu machen: Der Regisseur Geza von Cziffra warf mich nach einem nicht zu leise bemessenen Wutanfall kurzerhand hinaus. »Ich will Sie hier nie wieder sehen!«, brüllte er zum Schluss. »Und auch sonst wünsche ich Sie nie mehr in meinem Leben zu sehen …!«, fügt er zum harmonischen Abschluss seiner Ausführungen noch hinzu.

Was den Grimm des Regisseurs dermaßen entfacht hatte, ist geschwind erzählt. In der fünften Folge meiner Serie hatte ich eine Aussage Cziffras zitiert, wonach in der gegenwärtigen Lage ein in Österreich gedrehter Film leider nie und nimmer ein kommerzieller Erfolg werden, ja nicht einmal im Entferntesten sein Geld hereinspielen könne.

Cziffra räumte nun zwar ein, dass er mir dies gesagt hatte; doch sei diese Äußerung nur in einem rein persönlichen Gespräch und unter der ausdrücklichen Auflage gefallen, sie nicht zu veröffentlichen. Durch die Veröffentlichung seiner Aussage sei ihm aber ein unwiederbringlicher Schaden erwachsen: Eine Wiener Großbank, die ihm die Finanzierung eines weiteren Films schon zugesagt hatte, sei unter Hinweis auf Cziffras Aussage in der »Wiener Illustrierten« von ihrer Zusage wieder abgerückt. Hier bedarf es nun keines besonders langen Nachsinnens, um zu erkennen, dass der Regisseur der betreffenden Bank gegenüber ganz etwas anderes als das erzählt haben dürfte, was er dann unter Zusicherung der Nichtveröffentlichung mir gegenüber angeblich vertraulich enthüllt hatte.

Ich habe daraus für alle Zukunft Grundsätzliches gelernt. Was ich zu hören bekäme, hab ich jedwedem Interview-Partner gleich zu Beginn gesagt, müsse auch zur Veröffentlichung frei sein. Unter dem Siegel der Verschwiegenheit möge mir allenfalls erst dann etwas berichtet werden, wenn das Interview schon im Druck erschienen sei.

Mein spektakulärer Hinauswurf aus dem Filmatelier fand an einem Mittwoch gleich bei meinem Erscheinen um neun Uhr statt. Schon ein paar Tage zuvor aber hatte ich von einer Salzburger Wochenzeitung, für die ich ebenfalls gelegentlich tätig war, den Auftrag erhalten, ein Interview mit einer Filmschauspielerin namens Petra Trautmann zu machen, die in einer der kommenden Folge als Covergirl auf der Titelseite des Blattes prangen würde. Ort und Zeitpunkt meines Gesprächs mit Frau Trautmann waren von der Redaktion schon fixiert. Um 17 Uhr jenes Tages, an dem ich um neun Uhr so schmählich aus dem Filmatelier verjagt worden war, sollte ich in der in einem Grinzinger Nobelviertel gelegenen Villa der Frau Trautmann erscheinen. Ich tat dies auf die Minute genau.

Das Interview hatte kaum begonnen, da läutete es an der Wohnungstür. »Entschuldigen Sie mich für einen Moment«, sagte die Filmdarstellerin Petra Trautmann. »Das wird mein Mann sein, er hat mir schon am Telefon gesagt, dass er heute seinen Wohnungsschlüssel vergessen hat.«

Und dann kam es. In der Türöffnung stand, eine Mischung von Grimm und ungläubigem Staunen ins Gesicht gemalt, jener Regisseur Geza von Cziffra, der mich heute morgen lautstark aus dem Filmatelier mit dem Hinweis hinausgeworfen hatte, dass er mich weder hier noch anderswo jemals wieder zu sehen wünsche. In der Tür stand Geza von Cziffra, regulärer Ehemann der Petra Trautmann!

Zufälle von solch unwahrscheinlicher Art sind damals nicht einmal in einem Lustspielfilm des Geza von Cziffra vorgekommen. Solche Possen vermag nur, und auch das nur höchst selten, die Wirklichkeit zu spielen.

Elegischer Nachruf auf die Käuze

»Der Jammer unserer Zeit«, so klagte der große Friedrich Torberg einmal, als ich mit ihm im Café Central in der Wiener Herrengasse einen Kleinen Braunen trinken durfte: »Der Jammer unserer Zeit ist es, dass die Käuze aussterben …«

Über die wirklichen Käuze belehrt uns nun das Lexikon, dass sie unter jene rund 145 Arten der Eulen einzureihen wären, unter denen sich, nur so beispielsweise, auch der Steinkauz, der Waldkauz oder der Sperlingskauz befinden. Ob sie allesamt im Aussterben begriffen sind oder, wenn schon nicht das, dann immerhin zu den bedrohten Arten gehören, wie etwa der Blauwal oder das Nashorn, soll hier nicht untersucht werden. Darüber werden Ornithologen oder Naturschützer jederzeit Auskunft geben können. Bei uns geht es ja auch nicht um die tatsächlichen und gefiederten, sondern vielmehr um jene originellen und geistreichen Käuze in Menschengestalt, die in früheren Epochen zuhauf in den Kaffeehäusern von Wien, Prag, Budapest und Umgebung genistet haben. Just so aber, wie die Vögel-Käuze heutzutage Schwierigkeiten haben, genug hohle Bäume zu finden, die ihnen früher jederzeit kommode Nistplätze geboten haben, so werden neuerdings auch die Kaffeehäuser immer weniger, in denen einst im Verband von Literaten, Journalisten oder Schauspieler die Menschen-Käuze genistet haben.

Über das Hinsterben jener Cafés, in denen so mancher Gast jederzeit weit sicherer anzutreffen war als zu Hause in seiner Wohnung, sind schon viele melancholische Betrachtungen angestellt worden. Wer freilich auch nur die vier Grundrechnungsarten ein wenig beherrscht, der wundert sich weniger über das Verschwinden jener Kaffeehäuser; weit rätselvoller erscheint es ihm vielmehr, wovon deren Besitzer einst gelebt haben mochten. So mancher Stammgast hat ja nach dem zur Eröffnung seiner Sitzungsperiode bestellten kleinen Mokka in weiterer stundenlanger Folge nur noch sechs bis zehn Gläser Wasser konsumiert, die ihm der kummergewohnte Ober auch ohne jede Bestellung in regelmäßigen Abständen in angemessener, aber längst gewohnter Resignation servieren durfte. Wovon der Cafetier dann seinen Lebensunterhalt bestritten haben mochte, darf wohl in die vorderhand noch ungelösten Rätsel der Menschheit eingereiht werden; unter die Geheimnisse weit gereister Zugvögel oder Lachse etwa. Auch die Entzifferung der assyrischen Keilschrift ist ja trotz hartnäckiger Bemühungen einschlägiger Experten noch immer nicht ganz gelungen.

Indem wir nun aber die Käuze aus der Vogelwelt für immer verlassen, wenden wir uns mit gesteigertem Interesse den Kaffeehaus-Käuzen von einst zu. Die Zeitangabe »von einst« ist hier nur allzu berechtigt; derart berechtigt jedenfalls, dass ich von so manchen Meisterstücken einstiger Käuze nur aus zweiter, wenn nicht gar dritter Hand erfahren habe. Das Heldenzimmer der Käuze – wenn man so sagen darf – ist ja in jene zwanziger oder dreißiger Jahre zu datieren, in denen ich als Schüler in die Mysterien des kleinen Einmaleins oder, später dann, der Gleichungen mit mehreren Unbekannten eingeweiht werden sollte, Letzteres freilich ohne durchschlagenden Erfolg.

Da hat mir also der damalige Chefredakteur der nach dem Krieg kurioserweise von drei verschiedenen politischen Parteien gegründeten Tageszeitung »Neues Österreich«, Rudolf Kalmar, einmal von einem Geschehnis berichtet, das am Stammtisch eines damals legendären und prominent besetzten Literatencafés spielte. Als Hauptakteure zeichneten zwei berühmte Gäste, wie sie in ihrer Art verschiedener nicht hätten sein können: der stets das Image eines Grandseigneurs pflegende und bisweilen sogar mit Monokel erscheinende Alfred Polgar und der auf sein Äußeres weit weniger bedachte Peter Altenberg; der in seinen geschliffenen Feuilletons bis heute unerreichte Sprachkünstler einerseits und der notorische Bohemien-Typ Altenberg andererseits.

Die Szene begann zunächst in Abwesenheit Altenbergs und mit einer allgemeinen Diskussion über dessen Hemden; ja , Hemden! Diese wiesen nämlich eine Besonderheit auf, die, darüber war sich die Stammtischrunde einig, dringend einer Aufklärung bedurfte. Um es unverblümt herauszusagen: Altenbergs Hemden waren am Kragen stets ein wenig schmutzig, was freilich in Anbetracht diverser anderer Usancen ihres Trägers nicht unbedingt rätselhaft gewesen wäre. Der Sachverhalt schürzte sich allerdings angesichts zweier Tatsachen glattwegs zum Mysterium: erstens waren Altenbergs Hemdkragen, wir sagten es schon, immer nur gerade ein bisschen schmutzig – zweitens aber waren sie aber auch niemals ganz rein. Wie mochte das zusammen passen? Welches Phänomen konnte bewirkt haben, dass die Hemden des Peter Altenberg niemals völlig sauber, aber auch nie über Gebühr verschmutzt waren?

Nachdem die Tischrunde über das Geheimnis der Altenbergschen Hemden ebenso eifrig wie auch erfolglos diskutiert hatte, entschloss sich Alfred Polgar zu einer äußerst direkten Aktion. Als Altenberg nächstens wieder am Stammtisch Platz genommen hatte, informierte ihn Polgar zunächst über die lebhafte Diskussion, die neulich über ihn und das Rätsel seiner Hemdkragen stattgefunden hatte. »Nur du«, sagte Polgar in fast schon flehentlichem Tonfall, »kannst dieses Rätsel aufklären. Nur du kannst endlich unsere quälende Ungewissheit zerstreuen ...«

Alle saßen gespannt da. Alle wussten, dass jetzt eine besondere Pointe Polgars fällig war und kommen musste. Und sie kam auch!

»Peter, sag' uns jetzt klipp und klar«, sprach Polgar: »WER TRÄGT DEINE FRISCHEN HEMDEN?«

Aus Skandinaviens Vorzeit

Unser elegischer Nachruf auf die Käuze muss aber nicht nur, mit gebührender Erleichterung nehmen wir's zur Kenntnis, in verhältnismäßig lang zurückliegender Vergangenheit seinen Anlass haben. Auch die neuere Zeit hat genug Kauziges zu bieten. Man muss es nur zu finden wissen.

Wenn Friedrich Torberg, wie zu Beginn schon berichtet, das drohende Aussterben der Käuze beklagt hatte, so darf ich mich glücklich preisen, noch selbst Augen- und Ohrenzeuge einer der witzigsten Aussagen geworden zu sein, die mir je untergekommen sind – und ausgerechnet Torberg selbst ist ihr Urheber gewesen!

Dazu muss man wissen, dass der bürgerliche Familienname Torbergs »Kantor« gelautet hatte. Das Pseudonym »Torberg« war aus der zweiten Silbe seines Vaternamens sowie dem Familiennamen seiner Mutter, einer geborenen Berg, zusammengesetzt. Die Sache ist an sich nicht von Bedeutung, aber man muss darüber informiert sein, um die umwerfende Humorigkeit der folgenden, in den frühen fünfziger Jahren spielenden Begebenheit zu begreifen.

Damals gastierte das schwedische Staatstheater im

Wiener Burgtheater; nachher gab es einen Empfang in der schwedischen Botschaft, an dem neben Schauspieler der beiden Theater auch Kritiker und diverse andere Prominente geladen waren. Anwesend auch Torberg, der nun mit dem – völlig fließend Deutsch sprechenden – schwedischen Botschafter bekannt gemacht wurde. Dabei äußerte der Diplomat sein lebhaftes Bedauern, dass er, obwohl schon eine ganze Weile in Wien tätig, Torberg erst heute kennen gelernt hatte.

»Ich lese«, sagte der Botschafter zu Torberg, »nicht nur mit außerordentlichem Vergnügen Ihre hervorragenden Theaterkritiken, sondern habe schon seinerzeit als Halbwüchsiger Ihren Roman ›Der Schüler Gerber‹ geradezu verschlungen. Nun aber, da ich Sie endlich einmal auch persönlich kennen lernen durfte, könnten Sie gleich einmal meine Neugierde ein wenig befriedigen. Auf Grund Ihres Namens liegt mir nämlich eine Frage auf der Zunge: Sind sie vielleicht skandinavischer Abstammung, Herr Torberg?«

Die Antwort erfolgte mit einem Lächeln, aber umgehend.

»Herr Botschafter«, sprach Torberg: »Einer meiner Vorfahren war Schiffsrabbiner bei den Wikingern!«

So etwas muss einem erst einmal einfallen!

Liebstöckl

Unter dem Stichwort »Liebstöckel« belehrt mich das Lexikon, dass dies eine staudige und sellerieartige Doldenblüter-Art aus S-Europa sei, deren getrockneter Wurzelstock gern zu harntreibenden Tees verarbeitet wird. Für Gebildete ist auch noch der lateinische Name vermerkt: Levisticum officinale.

Über Hans Liebstöckl, diesmal an vorletzter Buchstabenfolge ohne »e«, vermerkt das sonst so nützliche Nachschlagewerk nichts. Schade. Denn Hans Liebstöckl, legendärer Journalist, Theaterkritiker und Feuilletonist der in gewisser Hinsicht ebenfalls legendären Jahre zwischen den beiden Weltkriegen, konnte zwar keine harntreibenden Reaktionen bewirken, aber dafür konnte man über seine unzähligen kuriosen Aussagen, von denen bei weitem nicht alle schriftlich dokumentiert worden sind, Tränen lachen. Auch dies soll ja, nicht unähnlich der segensreichen Wirkung des Wurzeltees aus der Liebstöckel-Staude, recht gesund sein.

Ich habe Hans Liebstöckl nicht mehr gekannt. Dies ist auf die Tatsache der späten Geburt zurückzuführen; ein Tatbestand, der im vorliegenden Fall von Nachteil ist, während in Sachen des allgemeinen Nazi- und Faschistenrummels, der seit Jahr und Tag bei uns umgeht, die späte Geburt zuweilen segensreich sein soll.

Die Kenntnis vom Liebstöckl verdanke ich dem hier schon einmal erwähnten Rudolf Kalmar, der damals Chefredakteur des »Neuen Österreich« gewesen ist, einer Zeitung, in der auch ich als relativ junger Anfänger in der Sonntagsbeilage so manches Feuilleton vom Zuschnitt der einschlägigen Wiener Tradition unterbringen konnte.

Kalmar und ich waren von gemeinsamen Freunden in ein Bauernhaus im niederösterreichischen Waldviertel eingeladen worden. Und dort berichtete mir Kalmar – längst waren alle anderen schon schlafen gegangen – bis weit in die Nacht hinein von den unzähligen Liebstöckl-Schnurren, von denen so manche auch in Zeitungsausschnitten, die Kalmar wie Reliquien in seiner Brieftasche aufbewahrte, belegt waren.

Mein Gesprächspartner, der mir als jungem Kollegen eine derartige Ehre angedeihen ließ, war freilich als Überlieferer der gedruckten und ungedruckten Liebstöckl-Werke geradezu prädestiniert, war er doch vor vielen Jahren als journalistischer Anfänger von dem schon sehr renommierten Liebstöckl liebevoll unter die Fittiche genommen worden. »Ich habe viel von ihm gelernt!«, bekannte Rudi Kalmar bei wiederholten Gelegenheiten.

Eines allerdings hatte der junge Kalmar von seinem Lehrmeister doch nie gelernt: das Jüdeln. Aus Gründen, die bis heute ungeklärt geblieben sind, befleißigte sich Liebstöckl, der doch gar keine Jude war, auch in seiner

Alltagssprache jenes jüdischen Jargons, wie er in dieser Virtuosität vorzugsweise von Nichtjuden beherrscht wird. Als einschlägig hervorragender Vertreter aus der Jetztzeit darf der von mir hoch geschätzte Schauspieler und Kabarettist Fritz Muliar genannt werden. Seine Nummer von einem halbwüchsigen Juden, der einmal in eine katholische Messe gerät und davon dann aus seiner Sicht im Kreis der Familie berichtet, ist schlechthin umwerfend.

Zurück zu Liebstöckl aber. Da wurde der junge Kalmar bald nach seinem Eintritt in die Redaktion einmal Zeuge eines Gesprächs, in das Liebstöckl von einem jüdischen Kollegen verwickelt wurde. Ob er denn sein ewiges Jüdeln originell finde, ob dies witzig, geistreich sein sollte, wurde Liebstöckl gefragt. Und dann geradewegs: »Also warum jüdelst du andauernd?«

Da wiegte Liebstöckl, der bis dahin alle Fragen mit Schweigen quittiert hatte, nachdenklich den Kopf und sprach dann:

»Ich kann – du musst ...!«

Nicht übel auch die journalistische Faustregel, die Liebstöckl seinem jungen Protegé Kalmar mit auf den Lebensweg als Zeitungsmann gegeben hatte – nämlich, dass man als anständiger Journalist streng zwischen Nachricht und Kommentar zu unterscheiden habe. »Se müssen belieben immer zu trennen Nachricht und Kommentar«, sprach Liebstöckl eindringlich. »Und wenn Se mich frug'n, was is ä Nochricht und wos is ä Kommentar, dann her'n Se mich us:

Ä Nochricht is, wos die Gojim tun – ä Kommentar is, wos die Jiddn dazu sugen!«

Diese Regel stimmt heute freilich nicht mehr so ganz. Zumindest was die Lage im Nahen Osten betrifft, so kommentieren neuerdings gar viele Gojim just das, was dort die Juden – und die Araber – tun.

Gefürchtet war der scharfzüngige Kritiker Hans Liebstöckl nicht nur bei Schauspielern, Theaterdirektoren oder Regisseuren, sondern auch bei jenen ganz schuldlosen Theaterbesuchern, die das Pech hatten, in seiner näheren Nachbarschaft zu sitzen. Liebstöckl hatte nämlich die unausrottbare Gewohnheit, alle Vorgänge auf der Bühne unüberhörbar laut zu kommentieren. Da ging zum Beispiel bei einer Komödien-Premiere im Josefstädter Theater einmal unter atemloser Spannung des Publikums der Vorhang in die Höhe, worauf mitten in die Stille der erste Kommentar des Kritikers platzte:

»Oi weih – ä Zimmer …!«

Ganz so, als ob nicht die überwiegende Mehrheit aller Lustspiele ein Zimmer zeigten, wenn sich der Vorhang zum ersten Akt hebt.

Bei einer anderen Premiere war Liebstöckl recht spät dran. Zwar konnte er gerade noch in den Saal huschen, doch als er in seine Reihe hinein wollte, ging auch schon das Licht aus und der Vorhang in die Höhe. Liebstöckl, ein kleiner und beleibter Mann, sah wenig, stieß beim Durchdrängen dem einen an die Schulter, stieg einem anderen sich unwillig Erhebenden auf die Füße; kurzum, es entstand eine allgemeine Unruhe, die von einigen dahinter sitzenden und sich gestört fühlenden Besuchern mit einer ganzen Serie von eindringlichen »Psst! Psst!« quittiert wurde. Da erhob sich Liebstöckl zu seiner freilich nicht übermäßig imposanten Größe, drehte sich um und fragte laut:

»Warum – schlofen scho alle ...?«

Als Kritiker war Liebstöckl bekannt für seine äußerst ausführlichen Rezensionen. Da wurde nun einmal Mitte der zwanziger Jahr in Wien ruchbar, dass eine Inszenierung des »Pygmalion« von G. B. Shaw in moderner Abendkleidung zum Besten oder, je nachdem, zum Schlechtesten gegeben werden sollte; was übrigens hinlänglich beweist, dass gewisse Regisseure nicht erst heutzutage am Theater wie die Berserker wüten. Auch damals habe so mancher von ihnen keineswegs davor zurückgeschreckt, selbst Shakespeares »Hamlet« in Frack und Abendkleid spielen zu lassen. Nur SS-Männer hat es damals, etwa wie neulich einmal als Leibwache Othellos, des Mohren von Venedig, noch nicht gegeben.

Da war also das Wiener Publikum sehr neugierig, was denn Liebstöckl in seiner traditionell ausführlichen Kritik über das »Pygmalion«-Experiment zu sagen haben würde.

Die Kritik aber zog Rudolf Kalmar im Zug unseres Waldviertler Nachtgesprächs jetzt aus seiner Brieftasche. Das zeigt schon, dass die Rezension diesmal nicht so lang geraten war. Sie war sogar kurz genug, dass ich sie mir bis heute auswendig gemerkt habe. Ihr voller Wortlaut:

»Die Vorstellung begann um halb acht. Als ich um halb eins auf die Uhr schaute, war es halb neun.

Hans Liebstöckl«

Auch so etwas muss einem erst einmal einfallen!

Sein unübertreffliches Glanzstück hat Liebstöckl aber nicht als Theaterkritiker, sondern als eine Art Prozessberichterstatter geliefert. Dazu muss man wissen, dass es im Verband der renommierten Wiener Zeitungen der Zwischenkriegszeit üblich war, zu besonders Aufsehen erregenden Gerichtsprozessen nicht nur die regulären Kriminalberichterstatter, sondern – zumindest am letzten Tag zur Urteilsverkündigung – auch ihre prominenten Feuilletonisten hinzuschicken. Die schrieben dann noch zusätzlich und »unter dem Strich« ihre essayistisch-literarische Betrachtung über das jetzt zu Ende gegangene Gerichtsverfahren.

Ein solcher Sensationsprozess ging nun Mitte der dreißiger Jahre über die Kriminalbühne. Eine junge Frau, noch dazu eine ausgesprochen attraktive, war des Mordversuchs an ihrem Ehemann angeklagt. Sie hatte laut Anklageschrift die giftige, gemeinhin etwa als Zutat zu Malerfarben verwendete Substanz Bleiweiß in drei Buchteln – eine in Wien sehr beliebte und daher aus Böhmen stammende Mehlspeise – gemischt und zum Frühstück serviert. Dies sollte, so behauptete es der Staatsanwalt in seinem Plädoyer, zum Tod des Herrn T. führen.

Nichts da, widersprach aber die schöne Frau T. Sie habe doch ihrem Ehemann nur einen kleinen Denkzettel verabreichen wollen: als wohl verdiente Strafe dafür, dass er sich eine Freundin zugelegt und damit die eheliche Treue arg verletzt habe. Tötungsabsicht aber sei ihr fern gelegen, daher habe sie ja auch nur eine ganz kleine Menge Bleiweiß in den Buchtelteig getan. Der Hergang der Ereignisse schien nun die Verantwortung der Angeklagten durchaus zu bestätigen. Herr T. war nämlich unter dem Angriff des Giftes Bleiweiß, vielfach auch »Bleipigment« genannt, keineswegs zu Tode gekommen, vielmehr war ihm nur vorübergehend und ohne dauernde Folgen übel geworden. Als weitere Konsequenz waren dem Opfer freilich auch die Haare ausgegangen, aber auch die waren in den nächsten Wochen und Monaten, als die Wirkung des Bleiweißes längst nachgelassen hatte, wieder neu gewachsen.

Den Ausschlag in dem Prozess gab schließlich die Stellungnahme des Gerichtssachverständigen. Das in die drei Buchteln gemischte Bleiweiß, so verkündete der Experte, sei mengenmäßig zu wenig gewesen, um einen erwachsenen Mann zu töten. So endete denn auch der Prozess mit einem vom Publikum beifällig aufgenommenen Freispruch der Angeklagten Elisabeth T.

Wir aber wenden uns jetzt wieder unserem Freund Hans Liebstöckl zu, der an jenem Prozess-Schlusstag als Feuilletonist anwesend war. Mit ihm übrigens auch der berühmte, für sein brillantes Deutsch bis heute zu Recht geschätzte Alfred Polgar, sowie auch Rudolf Kalmar, dem wir die Überlieferung unserer ganzen Geschichte zu danken haben. Alle drei waren natürlich von drei verschiedenen Zeitungen geschickt.

Um nun die von Hans Liebstöckl an diesem Tag gelieferte Pointe auch so richtig genießen zu können, wollen wir uns die gegen die Angeklagte Elisabeth T. erhobene Anklage stichwortartig in Erinnerung rufen. Also kurz: Beschuldigung des Mordversuchs an ihrem Ehemann – Bleiweiß (aber zu wenig für einen Mord) in drei Buchteln – Servieren der Buchteln zum Frühstück.

Liebstöckl blieb nun auch im Gerichtssaal seiner Angewohnheit treu, die schon in Theatersälen bereits zahlreichende Umsitzende schier zur Verzweiflung gebracht hatte: er kommentierte alle Vorgänge laut genug, um zumindest die engere Nachbarschaft zwangsweise mithören zu lassen.

Als nun die Angeklagte, eine, wie schon festgestellt, schöne und rassige Erscheinung, vor den Richtertisch trat, da war in weitem Umkreis Liebstöckls Kommentar zu hören:

»A schene Person! Schlofen, man mechte mit ihr. Aber frühstücken – nix ...!«

Der Konnerl

Wer, zusammen mit dem großen Friedrich Torberg, mit angemessener Trauer das drohende Aussterben der Käuze jener Art beklagt, wie sie doch noch in der Zwischenkriegszeit zum hellen Entzücken der einschlägigen Kenner und Genießer am Werk gewesen sind, der mag aber immerhin an der Tatsache einen gewissen Trost finden, dass so mancher Exponent kauziger Verhaltensweisen durchaus auch heute noch unter uns weilt. Just so etwa, wie im Tierreich einige wenige Vertreter bedrohter Arten angesichts erhöhter Schadstoff-Emissionen, globaler Erwärmung, zunehmender Regenwald-Abholzungen oder dem bedrohlichen Abschmelzen der Polkappen immerhin in entlegenen Winkeln unseres Planeten noch kleine Refugien gefunden haben, so dürfen wir mit Freude auch jener wenigen Käuze gedenken, die sich auch noch in unsere Epoche hinüberretten konnten.

Hier verdient Hans Konicek, der bis zu seinem Tod ein Polizei-, Lokal- und Kriminalreporter aus Leidenschaft geblieben ist, eine besonders respektvolle Würdigung. Mit Konicek, weithin im Kollegenkreis nur als »der Konnerl« apostrophiert, habe ich schon zu tun gehabt, als er schon bei der »Kronen Zeitung«, ich aber noch bei der »Welt am Montag« war. Doch davon noch später.

Um den Konnerl in angemessener Weise zu würdigen, muss zuvor ein wesentliches Element seines Kauz-Tums gehörig herausgestrichen werden. Der Konnerl war nicht etwa ein Kauz vom Zuschnitt des im vorigen Kapitels hoffentlich genug gepriesenen Hans Liebstöckl, der seine Umtriebe bewusst und vorsätzlich vollführte; Konicek wollte vielmehr überhaupt kein Kauz sein, auch wenn er es, gegen seinen Willen gewissermaßen, in umwerfender Weise gewesen ist. Der Konnerl nahm sich und seine umfangreiche Reportertätigkeit stets bitter ernst; sie war ihm, wie zu befürchten steht, überhaupt sein einziger Lebensinhalt.

So ist es ja auch dazu gekommen, dass die Tätigkeit als Lokalberichterstatter für Konicek nicht etwa, wie im Zeitungsgeschäft allgemein üblich, eine Einstiegsmöglichkeit in höhere journalistische Sphären gewesen ist. Nein, der Konnerl war ein Reporter aus Leidenschaft; und er ist es daher auch bis zu seinem Tod geblieben: als rund Sechzigjähriger, wie wir hinzufügen müssen, unter lauter viel jüngeren Nachwuchsreportern.

Haben wir vorhin auf den bitteren Ernst hingewiesen, mit dem der Konnerl an seine Reportertätigkeit heranging? Dem wäre noch hinzuzufügen, dass sich dieser Ernst auch stets in Koniceks Gesicht und Mienenspiel manifestierte. Um es kurz zu machen: man hat den Konnerl kaum jemals lachen gesehen. Er hatte es diesbezüglich mit dem legendären Stummfilmstar Buster Keaton gemein, der ja selbst die allertollsten Späße stets mit steinerner Miene zu vollführen pflegte.

Damit wir's aber nicht vergessen! Es gab noch einen weiteren und diesmal besonders gravierenden Unterschied etwa zwischen Liebstöckl und Konicek. Während der gleichermaßen gefürchtete wie humorvolle Kritiker und Feuilletonist Liebstöckl ein geschliffenes und makelloses Deutsch schrieb, konnte man dem Konnerl einen besonders virtuosen Umgang mit der deutschen Sprache nicht nachsagen. Der stets so ernst dreinblickende Reporter war zwar ein begnadeter »Schlepper«, der auf Grund seiner zahllosen Informanten – im Branchenjargon »Zund« genannt – stets mit den allerneuesten Nachrichten daherkam, doch die Umsetzung dieses Materials in die deutsche Sprache war des Konnerls Sache nicht. Oberstes Gebot in der Redaktion war es daher, alle Manuskripte, die der Konnerl daherbrachte, vor Drucklegung gehörig umzuschreiben. Oder, wie es sarkastischere Naturen bisweilen auch ausdrückten: ins Deutsche zu übersetzen. Indes geschah es im Verlauf von Jahren und Jahrzehnten bisweilen, dass ein Konicek-sches Œuvre aus diesen oder jenen Gründen unbehandelt in die Setzerei geriet und in der Folge dann gewissermaßen in der Originalversion das Licht der Druckerschwärze erblickte; etwa, weil angesichts des drohenden herannahenden Blattschlusses einfach keine Zeit mehr zur Umgestaltung des Konnerl-Textes geblieben war.

Da kam es zum Beispiel einmal zu dem älteren Fußballtigern bis heute unvergesslichen Skandalspiel zwischen Rapid-Wien und Benfica-Lissabon im Wiener Stadion. Weil ja bekanntlich der Sport nicht allein den Körper stählt, sondern auch jederzeit die allgemeine Fairness inklusive der Achtung vor dem Gegner und zusätzlich auch noch die Völkerverständigung und den Weltfrieden fördert; weil also, kurz gesagt, der Sport angeblich jenen wohltätigen Nutzen mit sich bringt, der in Bankettreden und Festansprachen emsiger Funktionäre stets herausgestrichen wird: drum schlugen die so genannten Fans im Zug des erwähnten Fußballspiels bald alles kurz und klein, was ihnen im Stadion in die Hände geriet.

Weil aber bedrohliche Zuschauermassen im und vor dem Stadion noch immer weiter randalierten, obwohl es der Polizei gottlob schon gelungen war, wenigstens die portugiesischen Kicker unversehrt aus der Arena zu eskortieren, wurde als Verstärkung zu den am Ort des Geschehens ausharrenden Sportreportern auch noch der Lokal- und Kriminalberichterstatter Konicek hingeschickt. Sein Bericht aber, zu dessen Übersetzung keine Zeit mehr geblieben war, begann mit einer seither legendär gewordenen Feststellung:

»Noch zwei Stunden nach Spielende massierten sich die empörten Fans vor dem Stadion …«

Natürlich wusste man beim Konnerl stets, was da gemeint war. Ohne Zeitdruck wäre das Zeitwort »massieren« eben durch »zusammenrotten« ersetzt worden, was aber, nachträglich besehen, schade gewesen wäre, weil uns dann auch der Spaß nie überliefert worden wäre.

Als die Leiche Gulasch aß

Auch bei einem weiteren Meisterstück Konnerls, das sich aus würgendem Zeitmangel ebenfalls jeder rettenden Korrektur entzog, war klar, was gemeint war; die Formulierung aber hatte es wahrhaftig in sich.

Über einen vorderhand noch nicht aufgeklärten Mord im Wiener Unterweltmilieu berichtete Konnerl und lasen anderntags die Zeitungskäufer dies:

»Die gerichtsmedizinische Untersuchung ergab zweifelsfrei, dass die Leiche noch um halb sechs Uhr des Vortags Kalbsgulasch mit Nockerln gegessen hatte.«

Zu einer weiteren Darbietung Konnerls, die ebenfalls im Original ins Blatt geriet, muss man wissen, dass in der Diktion der Kriminalreporter ein Sittlichkeits- und Sexualverbrecher seit eh und je als »Unhold« benannt wird. Über eine einschlägige Attacke auf eine junge Frau im Überschwemmungsgebiet der Donau traf der Konnerl die folgende epochale Feststellung:

»Plötzlich zerrte der Unhold sein Opfer in ein Gebüsch – und dort zeigte er ihm sein wahres Gesicht!«

Der Konnerl hatte übrigens bei der alten »Kronen Zeitung« der Zwischenkriegszeit einen kongenialen Vorläufer, der auf den einprägsamen Namen »Mehlwurm« hörte und ebenfalls ein Reporter aus Leidenschaft, aber ebenfalls mit limitiertem Deutsch, gewesen war. Mehlwurm wurde, so geht die Fama, einmal zu einem Wiener Feuerwehrmann geschickt, der bei einem Preisausschreiben der »Kronen-Zeitung«, heute hieße es »Gewinnspiel«, die für damalige Verhältnisse enorme Summe von tausend Schilling gewonnen hatte.

Mehlwurm macht sich also in Begleitung des legendären Zeichners Ladislaus Tuszynski auf den Weg, musste aber von der Hausbesorgerin erfahren, dass der wackere Feuerwehrler in Ausübung seines Dienstes leider schwere Brandwunden erlitten hatte und sich daher derzeit noch im Spital befinde. Sofort verfügten sich also Mehlwurm und Tuszynski ins Krankenhaus, verschafften sich dort Zutritt zu dem gottlob schon außer Lebensgefahr befindlichen Feuerwehrmann, um diesem den Tausender zu überreichen. Flink warf der Zeichner die Szene aufs Papier: Mehlwurm, dem glücklichen Gewinner den Tausender überreichend, dazu im Hintergrund einen Arzt und zwei Krankenschwestern.

Mehlwurms Bericht begann dann mit der folgenden Einleitung:

»Ich traf den Glückspilz im Wasserbett ...«

Müller contra Konicek

Ein Bericht über die wenigen Käuze im Zeitungsgeschäft, die sich noch über den Zweiten Weltkrieg und bis in unsere Tage hinübergerettet haben, wäre ohne einen gewissen Peter Müller arg unvollständig. Müller, der im Hauptberuf beim »Neuen Österreich« sein Brot verdiente, hatte aber an den ihm dort auferlegten Redakteurs- und Reporterpflichten weit weniger Freude als an seinen gefürchteten Scherzen am Telefon; wobei er hier bisweilen selbst den einschlägig so virtuosen Helmut Qualtinger erreichen, wenn nicht gar übertreffen konnte. Sein Meisterstück lieferte Müller aber, als es ihm einmal gelang, sich selbst über den Fernschreiber eine ganz falsche Identität anzumaßen.

Dazu muss man nun wissen, dass bis weit in die fünfziger Jahre hinauf in der heimischen Journalisten-Szene weiters kein Mangel an Kollegen herrschte, die, offenbar noch in Erinnerung an die Hunger- und Notzeiten vergangener Nachkriegsjahre, nunmehr bei kalten Buffets und ähnlich gearteten Gelegenheiten des kostenlosen Speisens jederzeit mächtig zuzuschlagen wussten. Insbesondere unter Sportjournalisten, zu denen ich damals ja ebenfalls gehörte, tobte bei mancherlei Gelegenheiten der »Kampf um die gelbe Serviette« in ähnlicher Weise, wie bei der »Tour de France« um das gelbe Trikot des jeweils Führenden im Gesamtklassement gefochten wird. Hier hatten sich im Lauf der Zeit zwei einsame Spitzenreiter profiliert, die das gesamte übrige Feld zu Statisten oder, um es im Jargon der Etappen-Radler auszusagen, zu Domestiken und Wasserträgern degradierten. Unbestrittener Star war hier jener prominente Radioreporter Edi Finger, auf dessen ausdrücklichen Wunsch es »Ingenieur Edi Finger« zu heißen hatte, der allein für seinen Ausruf »I wer' narrisch …!« beim zweiten Goal des Krankl Hansi im argentinischen Cordoba gegen den Erzfeind Deutschland berühmt geworden war. Doch auch Edis Leistungen am kalten Buffet waren, vor oder nach Cordoba, stets erste Marke. Nicht von ungefähr hatten ihm ja lokale Kicker und Fersler, von denen so manche den »Schmäh« der Wiener Vorstadtgründe meisterhaft beherrschten, längst schon den inoffiziellen Ehrentitel »Ingenieur Schlinger« verpasst.

Nicht zu verachten hier aber auch ein gewisser Dr. Alfred Zohner, der wiederum als Chefredakteur einer im Sozialistischen Verlag erscheinenden und daher mäßig bis gar nicht florierenden Illustrierten namens »Bilderwoche« werkte oder, wenn schon nicht das, dann doch im Impressum dieses Druckwerks stand. Nun lag zwar beim Kampf um die Gelbe Serviette der Ingenieur Finger, alias Ingenieur Schlinger, zumeist voran, doch der Doktor Zohner vermochte, um uns jetzt ein letztes Mal der Radrennfahrer-Sprache zu bedienen, immerhin so manchen Etappensieg an seine Fahnen zu heften.

Dies alles muss man wissen, um einen der massivsten Scherze des Peter Müller richtig würdigen zu können. Müller, der auch technisch erstaunlich versiert war, hatte im Fernschreibraum der »Welt am Montag«, bei der ich Peter an jedem Sonntag als Helfer für den aktuellen Dienst engagiert hatte, eines der dortigen Geräte derart manipuliert, dass er sich in die fixe Fernschreibverbindung der Nachrichtenagentur APA (»Austria-Presse-Agentur«) hineinzuschwindeln vermochte. So konnte denn Peter Müller seine schon berühmten Telefon-Scherze um einen in seiner Qualität einsamen Fernschreiber-Scherz nachdrücklich erweitern. Die Nachricht, die Müller als »APA«-Meldung an die Redaktionen der Wiener Zeitungen verschickte, begann wie folgt:

»Gestern fand im Presseklub Concordia unter Vorsitz seines Präsidenten Dr. Rudolf Kalmar eine Ehrung für den bekannten Publizisten und Gastronomen Dr. Alfred Zohner statt. Nachdem Präsident Kalmar die Verdienste des Jubilars auf dem Gebiet des Fressewesens in eindringlichen Worten gewürdigt hatte, fand Dr. Zohner auch die lebhafte Zustimmung aller weiteren Festredner ...«

Bis hier klang noch alles leidlich plausibel, abgesehen lediglich von der ungewöhnlichen Vokabel »Fressewesen«, wobei man aber immerhin noch einen bloßen Tippfehler argwöhnen konnte, obwohl doch das »F« und das »P« auf der Tastatur des Fernschreibers weit genug voneinander entfernt sind. Richtig immerhin auch, dass Rudolf Kalmar, der in diesem Buch schon anderweitig mit großem Respekt zitiert worden ist, auch Präsident des Presseklubs »Concordia« gewesen ist. Doch dann kam's im Text Peter Müllers erst so richtig!

»Der Gefeierte«, so schloss Müller seine getürkte APA-Meldung, »ist weit über die Grenzen unseres Landes hinaus als Urheber einer bahnbrechenden Erfindung, nämlich des so genannten ›Zohner-Hosensacks‹, bekannt geworden. Es handelt sich dabei um eine nylongefütterte Hosentasche, die das Mitnehmen von Hummermayonnaise bei Pressekonferenzen ermöglicht …«

Natürlich ist diese Meldung nie und nirgends erschienen. Aber immerhin konnte Müller das homerische Gelächter in den Wiener Redaktionen für sich als Pluspunkt buchen. Und so mancher Kollege hat eine Kopie des Werkes noch jahrelang wie eine Reliquie in der Schreibtischlade aufbewahrt.

Ruchloser Monstranzendieb

Sehr wohl im Druck erschienen ist aber wenig später ein weiteres Meisterstück Müllers. Auch dazu muss man ein paar Fakten wissen. Zum Beispiel, dass ich damals Chefredakteur der »Welt am Montag« gewesen bin, eines Blattes also, das am Sonntag gemacht wurde. Da hatte ich nun, wie vorhin schon erwähnt, den Lokalreporter Peter Müller vom »Neuen Österreich« als Helfer an jedem Sonntag engagiert. Neben ihm werkte auch allwöchentlich der hier schon gebührend geschilderte Hans Konicek, der wiederum hauptberuflich bei der »Kronen Zeitung« tätig war. Die Mitwirkung der beiden ließ sich nun insofern reibungslos organisieren, als zu jener Zeit die Tageszeitungen an Montagen nicht erschienen; was schon seit den zwanziger Jahren auf gewisse Bestimmungen in den Kollektivverträgen der Setzer zurückging. Dadurch hatten ja auch die Montagzeitungen – von denen es damals in Wien gleich vier gab – ihre Berechtigung. Dass diese Montagblätter nicht gerade als übertrieben seriös galten, ist schon in einem Aphorismus des witzigen Roda Roda hinreichend belegt:

»Wenn alle nur die Wahrheit sagten, gäbe es keine Steuererklärungen und keine Montagzeitungen.«

So arbeiteten dann Peter Müller und Hans Konicek an jedem Sonntag Seite an Seite bei mir in der »Welt am Montag«. Der Hinweis »einträchtig« statt »Seite an Seite« wäre aber nicht am Platz, denn die beiden waren einander schon deswegen nicht so recht grün, weil sie ja unter der Woche Konkurrenten waren, der eine beim »Neuen Österreich«, der andere bei der »Kronen Zeitung«.

Nun beklagte sich Müller etliche Male bei mir über seinen Kollegen Konicek. Der Konnerl, so Müller, filze in geeigneten Momenten stets Müllers Schreibtisch nach Notizen durch, die dann eventuell in der folgenden Woche in der »Krone« zu verwenden seien.

Da ich nun auf die wohlwollende Mitarbeit beider angewiesen war, verhielt ich mich neutral. Er möge halt, so riet ich Müller, auf seine Sachen besser aufpassen; eventuell auch seine Schreibtischladen immer verschließen.

Als aber Müller immer wieder Grund zu neuem Verdacht zu haben meinte, schritt er entschlossen zur Selbsthilfe. Mit umwerfendem Erfolg, wie wir bald sehen werden.

Müller ließ, scheinbar achtlos, ein Manuskript auf seinem Schreibtisch liegen, über das er mit Rotstift den unübersehbar großen Vermerk »Geheim!« gemalt hatte. Dazu stand dann noch: »Traue mich nicht zu bringen! Zuerst Chef fragen!«

Darunter stand der folgende Text: »Kriminalbeamten des Wiener Sicherheitsbüros gelang es nach wochenlangen Observationen, einem notorischen Monstranzendieb endlich das Handwerk zu legen. Der Mann, ein entsprungener und seit langem gesuchter Kaplan namens Balthasar Feuersinger, war gerade dabei, im Geschäft des Juweliers H. auf dem Wiener Graben eine goldene Monstranz zu verkaufen, als auch schon die Handschellen klickten ...«

An dieser ganzen Meldung war kein einziges Wort wahr. Nirgends im Bereich der Kirche in Österreich war ein Kaplan Balthasar Feuersinger entsprungen; es fehlte nirgends auch nur eine einzige Monstranz; und der für seine Seriosität weithin bekannte Juwelier Heldwein, der als einziger gemeint sein konnte, hätte nicht einmal im Traum daran gedacht, je eine gestohlene Monstranz anzukaufen, sei sie nun gestohlen oder auch nicht.

Peter Müller hatte seinen Köder am Sonntag bei mir in der »Welt am Montag« ausgelegt. Am folgenden Donnerstag traute ich meinen Augen nicht, als ich die Meldung von dem gar nicht existierenden Kaplan Feuersinger, der gestohlenen Monstranz, dem »Juwelier H. auf dem Graben« sowie den mit Handschellen ausgerückten Kriminalbeamten des Sicherheitsbüros in der »Kronen Zeitung«, wenn auch nur in Gestalt eines eher unauffälligen Einspalters, lesen konnte.

Wie der Konicek die Sache überstanden hatte, blieb unbekannt. Als ich ein paar Jahre später selber zur »Kronen Zeitung«, stieß, habe ich es auch nie gewagt, den Konnerl diesbezüglich zu fragen.

Das Ende eines Augenzeugen

Im Gegensatz zu Peter Müller vom »Neuen Österreich« und dem vorzugsweise nur »Konnerl« genannten Hans Konicek von der »Kronen Zeitung«, die, weil ihre Tageszeitungen damals an Montagen nicht erschienen, jeden Sonntag bei uns in der »Welt am Montag« als Externisten tätig waren, gehörte unser Freund Erwin Saucek zum regulären Redaktionsteam unseres Montagblattes. Unter der Woche, wenn wir den nicht aktuellen Teil der Zeitung zu fabrizieren hatten, bewährte sich Saucek stets als eher unauffälliger, jedoch stets zuverlässiger Mitarbeiter. Am Sonntag aber, wenn es aktuell und daher zumeist recht hektisch herging, lief er oft genug zu bestechender Form auf. Besondere Brillanz entwickelte er dabei auf zwei Spezialgebieten. Er lieferte, erstens, »Korrespondentenberichte« aus allen möglichen, möglichst weit entfernten Teilen der Welt. Ohne etwa eigens dazu aufgefordert zu werden, reportierte er bald von einem Aufstand der Plantagenarbeiter auf Haiti, bald von einem erfolgreichen oder, je nachdem, fehlgeschlagenen Putsch beziehungsweise Putschversuch in dieser oder jener Bananenrepublik. Dabei legte er freilich darauf Wert, neben dem Vermerk »Von unserem Sonderkorrespondenten« nicht auch noch seinen bürgerlichen Namen zu erwähnen. Mit gutem Grund: Während Saucek etwa gerade aus Hinterindien berichtete, hatte er ja in Wirklichkeit niemals auch nur die Stadtgrenzen von Wien überschritten.

Literarische Feinschmecker mögen sich hier vielleicht des entzückenden Kriegs- und Schlachtenreporters »Wippchen« entsinnen, einer von dem Berliner Schriftsteller Julius Stettenheim erfundenen Figur von einem kaum jemals wieder erreichten Humorgehalt. Wippchen also berichtete in einer ebenfalls fiktiven Berliner Zeitung von allen gerade aktuellen Kriegsschauplätzen der Welt, wobei er allerdings sicherheitshalber Berlin immerhin verlassen und in dem unweit gelegenen Städtchen Bernau Logis genommen hatte. Wippchen erwies sich dabei als unerreichter Urheber von gleichermaßen bombastischen wie sinnlosen Formulierungen. Zum Beispiel berichtete er einmal aus Bernau über den russisch-japanischen Krieg wie folgt:

»Die Schlacht tobte derart grimmig hin und her, dass Russen und Japaner einander über die eigenen Haufen schossen ...«

Zu solchen Gustostücken verstieg sich Erwin Saucek nicht. Bei aller Vorsicht passierte es ihm aber einmal doch, dass er bei einem Jitterbug-Tanzturnier in einem Wiener Nachtlokal immerhin mit dem zweiten Preis ausgezeichnet wurde, während er doch von der »Welt am Montag« angeblich als unerschrockener Spezialreporter gerade auf die Schlachtfelder des damals eben entbrannten Koreakrieges »entsandt« worden war.

Doch just so, wie im gewöhnlichen Leben ein Plattfuß kaum jemals allein daherkommt, wurde der Kriegs- und Sonderberichterstatter Saucek bald darauf auch noch von einem weiteren Missgeschick ereilt. Dazu muss man wissen, dass sich der jederzeit so umtriebige Reporter neben seiner Tätigkeit auf diversen Schlachtfeldern noch ein zweites Spezialgebiet zugelegt hatte: nämlich das eines jederzeit verfügbaren und schier unübertrefflichen »Augenzeugen«. Wann immer in der »Welt am Montag« gerade einer jener schwachen Tage obwaltete, an denen keinerlei Sensationen anfielen, mit denen die Zeitung publikumswirksam zu füllen wäre: Da sprang auch schon Saucek mit seinen stets zu Herzen gehenden Augenzeugenberichten hilfreich in die Bresche. Ob nun an solchen minder ergiebigen Tagen lediglich ein Erdbeben von der eher mickrigen Stufe vier vorlag, ob ein älplerischer Lawinenabgang nur einen weit abgelegenen Heuschober beschädigt hatte, oder ob ein harmloser Zimmerbrand ohne Personenschaden zu einer »Feuersbrunst« aufgewertet werden sollte – auf den Augenzeugen Saucek war stets Verlass. Höchst anschaulich schilderte der um Ideen nie verlegene Zeitungsmann, wie die Frau Mutter unter Einsatz ihres Lebens gerade noch ihr Söhnchen aus dem bereits qualmumwölkten Gitterbettchen retten konnte. Stand leider lediglich ein eher routinemäßiges Hochwasser zu Buch, schilderte der vife Augenzeuge in dramatischen Worten, wie wackere Feuerwehrleute – hoch klingt das Lied vom braven Mann – von Schlauchbooten aus das zweite Stockwerk eines überschwemmten Hauses geentert hatten, um von dort einen leider nicht mehr ganz rüstigen Opapa in Sicherheit zu bringen. Bei Ein- und Ausmärschen fremder Mächte in den entferntesten Winkeln der Welt; bei Rettungen von Bergsteigern in letzter Minute; bei Messerattentaten auf Tankwarte oder Taxifahrer; bei Flüchtlingstragödien, Geiselnahmen, Springfluten, Autobahn-Massenkarambolagen, Bahnüberfällen oder Schiffsuntergängen: Auf Erwin Sauceks Augenzeugenberichte war jederzeit Verlass.

Doch ach! Gerade so ein Schiffsunglück war es, der zum Ende der glanzvollen Augenzeugen-Karrieren Sauceks führen sollte. Da war in Anbetracht der Tatsache, dass wir an einem der gefürchteten schwachen Tage verzweifelt einen sogenannten Aufmacher samt dazu gehörender Schlagzeile in Balkenlettern für die Titelseite suchten, gerade noch irgendwo im Atlantik ein Fischerboot an einer Klippe zerschellt und gesunken. Die Story war vergleichsweise dürftig, daher musste, um den Text angemessen zu strecken, ein Augenzeugenbericht Sauceks her. Der ließ sich nicht zweimal bitten und schilderte prompt, wie das Wasser unheilvoll in den Schiffsrumpf eindrang, während die Wogen draußen schon die Höhe eines dreistöckigen Hauses erreichten. Nicht fehlen durfte auch der Kapitän, der, während er seine Matrosen gerade noch in die Rettungsboote beordern konnte, auf der Brücke stand und salutierend mit seinem Schiff im aufgepeitschten Ozean versank.

Wenn einer ein Pech hat, so pflegte der große Karl Farkas gern zu sagen, dann verhungert er auf den Sandwich-Inseln. Ein Ungemach ähnlicher Art ist damals auch dem Augenzeugen Saucek passiert. Das Schiff, von dessen Brücke der heldenhafte Kapitän angeblich salutierend in den Tod ging, war nämlich in Wahrheit nur ein kleines Fischerboot gewesen, dessen drei Insassen allerdings tatsächlich den Seemannstod gefunden hatten. So stand es denn auch auf der Titelseite zu lesen, während nähere Details erst in einem »Überlauf« im Blattinneren zu finden waren. Zu seinem Pech aber hatte der Augenzeuge Saucek lediglich diesen Überlauf auf einem Bürstenabzug gelesen; das auf Seite eins vermeldete Faktum, dass es bei dem Untergang keine Überlebenden gegeben hatte, war ihm im Drang der Geschäfte leider entgangen.

Ein paar Tage später wurde dann in einem missgünstigen Konkurenzblatt die hämische, aber für uns leider peinliche Frage aufgeworfen, wie es denn zugegangen sein mochte, dass von Bord eines mit Mann und Maus untergegangenen Schiffes ein »Augenzeugenbericht« bis in die Redaktion der »Welt am Montag« gelangen konnte.

Dies war das Ende des Augenzeugen Erwin Saucek. Selbst in extremen Notfällen weigerte er sich fortan, uns jemals wieder mit selbst erfundenen Augenzeugenberichten aus der Patsche zu helfen.

Zu Ehren der restlichen Käuze

Wenn bei hoch offiziellen Festveranstaltungen, Feier- und Gedenkstunden, Ehrenempfängen, Galadiners, Brückeneröffnungen, Ersten Spatenstichen oder sonstigen Wahlveranstaltungen der für die Eröffnungsworte zuständige Würdenträger die gottlob in so großer Zahl erschienenen Ehrengäste begrüßt, dann gebietet es die insgeheim noch immer fortlebende Tradition eines noch lang nicht überwundenen Obrigkeitsstaates, die – womöglich in froher Hoffnung auf ein am Ende winkendes und möglichst nahrhaftes Bufett – zahlreich herbeigeeilten Honoratioren einzeln und mit voller Titulierung zu nennen. Dabei hat der versierte Eröffnungsredner insbesondere auf zweierlei streng zu achten. Erstens, dass er nur keinen vergisst. Das könnte ja üble Folgen haben: der so schnöd Übergangene könnte sich ja bei nächster Gelegenheit hinterfotzig genug rächen. Wichtig ist, zweitens, aber auch, dass die Reihenfolge der mit innigem Dank für ihr Erscheinen bedachten Festgäste streng nach deren hierarchischem Rang vollführt wird. Es dürfte also, nur so beispielsweise, kein Ministerialrat je vor einem Sektionschef begrüßt werden, kein vergleichsweise mickriger Legationsrat vor einem veritablen Botschafter, und schon gar nicht ein Minister vor dem heute allenfalls huldvoll seine Anwesenheit zelebrierenden Bundespräsidenten.

Der Fest-Eröffner wird also gut daran tun, sich die rangmäßige Sequenz der Ehrengäste beizeiten auf einem sorgsam erstellten Spickzettel zu notieren, auf den dann während der Ansprache verstohlene Blicke zu werfen sind. Jetzt wird also, je nach Anlass, in schöner Ordnung dem Herrn Präsidenten abwärts bis hinunter zum gleichfalls erschienenen Bezirkshauptmann von Niederpatzendippelbaumkirchen die Ehre erwiesen. Um sich aber gegen die zweite Unterlassungs- und Todsünde eines feierlichen Eröffners zu wappnen, nämlich gegen das schnöde Vergessen und Auslassen von Gästen mit ebenfalls schön klingenden Amts- und sonstigen Titeln, so hat sich hier als vorbeugende Maßnahme eine Methode bewährt, die den Redner nach der gebührenden Nennung des letztrangigen Festgastes noch den folgenden Vermerk anfügen lässt:

»... ferner begrüße ich mit ganz besonderer Freude auch noch zwei weitere Herren, deren Namen mir leider entfallen sind.«

Ach ja, so ähnlich ist ja auch der Chronist, Ex-Staberl und Verfasser dieser Zeilen, dran! Auch ich habe mir meine Notizen gemacht, ehe ich mich anschickte, den mir in Jahren und Jahrzehnten untergekommenen Originalen und Käuzen ein kleines Denkmal zu setzen. Weil aber einem Buch, wie auch vielen anderen Dingen in diesem Leben, gewisse Grenzen der Ausdehnung gesetzt sind, konnten hier bei weitem nicht alle Käuze, deren Andenken ich in hoher Ehre halte, ihr eigenes Kapitel erhalten. Nicht unähnlich unserem oben erwähnten Festredner, subsummiere also auch ich meine bisher unerwähnten Käuze in dem hier vorgelegten Schlusskapitel der Staberl-Erinnerungen.

Achtung freilich! Die nachfolgenden gemeinsam Geehrten, gewissermaßen also Staberls Kollektiv-Käuze, mögen zwar umfangmäßig nicht so viel hergegeben haben wie die zuvor gewürdigten Individuell-Originale, aber so mancher von ihnen hat mir sozusagen einen richtiggehenden Knalleffekt serviert. Der Folgende sogar im wahrsten Sinn des Wortes und dieser Redensart:

Dieser Mann erschien also, sichtlich aufgeregt, eines Tages in meinem Zimmer in der Redaktion der »Kronen Zeitung«; weiß der Teufel, wie er ungeachtet der Tatsache, dass wohlweislich nirgends ein Namensschild oder ein sonstiger Hinweis auf Staberls Werkstätte angebracht war, den Weg bis zu mir gefunden haben mochte. Jetzt saß er also mir gegenüber, fingerte nervös aus seiner recht dicken Aktentasche ein paar Schriftstücke hervor und erklärte mir dann rundwegs, dass ich über seinen doch gewiss empörenden Fall etwas schreiben müsse. Der Fall bezog sich auf eine Unfall-, kann sein auch Invalidenrente, die weitaus zu gering bemessen sei, als dies meinem Besucher zustünde; zumindest nach dessen eigenem Dafürhalten. Schon wiederholt, so versicherte mein Gast, dessen Kopf bei jedem enthüllten Detail immer noch röter wurde, bis er am Ende den Farbton eines gesottenen Krebses annahm: schon oft habe er das zuständige Amt auf die skandalöse Fehlbemessung seines Bezugs aufmerksam gemacht; schriftlich sogar per eingeschriebenem Brief.

»Haben Sie so etwas schon erlebt, Herr Staberl?«, fragte mein Besucher in rhetorischer Aufwallung mit einem Grimm, der ihn schier von seinem Sitz emporzulupfen drohte: »Da müssen Sie etwas darüber schreiben ...!«

Ich versuchte dem Mann zu erklären, dass ich bei einer täglichen Zahl von rund einer Million Staberl-Lesern – später sind's dann noch doppelt so viel geworden – unmöglich auf Einzelfälle eingehen könnte, so arg diese auch je sein mögen. Er möge sich doch eher an einen tüchtigen Advokaten wenden, vielleicht auch an die Gewerkschaft oder die zuständige Kammer; kurzum, ich tat mein Möglichstes, um meinen ungebetenen Gast endlich abzuwimmeln.

Als der Mann dies begriffen hatte, wurde er plötzlich auf verdächtige Art ganz ruhig. Dann deutete er auf seine Aktentasche, sah mich stechenden Blicks an und sprach wie folgt:

»Herr Staberl! Ich könnte Sie zwingen, etwas über meinen Fall zu schreiben, denn ich habe in meiner Tasche einen geladenen Revolver ...!«

O weh! Ein Narr also. Wie es mir damals gelungen ist, den Mann hinauszukomplimentieren, wüsste ich heute nicht mehr zu sagen. Zweifelsfrei, anderntags in allen Zeitungen vermeldete Tatsache aber war, dass mein Besucher von unserer Redaktion schnurstracks in das zuständige Amt geeilt war, dort seiner Aktentasche den geladenen Revolver entnommen und damit, wenn schon nicht auf den Referenten, dann doch immerhin über den Kopf des Beamten hinweg in die gegenüberliegende Wand gefeuert hatte.

Weniger dramatisch, aber doch auch von einer gewissen Humorigkeit gestaltete sich der Fall eines weiteren, ebenfalls listig bis zu mir vorgedrungenen Besuchers, der sich aber in ähnlich aufgeregtem Zustand präsentierte. In seinem Wohnhaus, so enthüllte er mir, herrschten wahrhaft unglaubliche Zustände. Die Hausmeisterin, die freilich auch sonst eine üble Schlampe sei, habe nun schon seit drei Wochen im Stiegenhaus nicht mehr aufgewaschen. »Was sagen Sie dazu? Darüber können Sie ruhig etwas schreiben, mit meinem vollen Namen sogar ...«

Ich versuchte dem Mann klar zu machen, dass ich nur über Dinge schreiben könne, an denen meiner Einschätzung nach eine sehr große Zahl von Lesern interessiert seien ... »Das ist es ja eben«, unterbrach mich der Besucher. »Die große Zahl haben Sie schon – wir sind nämlich 17 Parteien im Haus ...!«

Bei solchen und ähnlichen, leider häufig genug vorkommenden Anlässen musste ich bisweilen an eine gern und oft gepriesene demokratische Errungenschaft, nämlich an das gleiche und allgemeine Wahlrecht, denken. Nach welchen Kriterien, so sinnierte ich, mögen Leute von solcher Beschaffenheit und Denkweise am Wahltag ihr Kreuzerl auf den Stimmzettel malen? Wie sehr aber verdienen auch die Politiker, eine sonst so gern gescholtene Berufsgruppe, bisweilen auch unser Mitgefühl, weil sie doch in Programmen und Propaganda auch Bürger und Wähler einkalkulieren müssen, die in der Zeitung enthüllt sehen möchten, dass die Hausmeisterin schon seit drei Wochen nicht mehr die Stiegen gesäubert hatte!

Da fällt mir noch ein Besucher ein, der es vermocht hatte, bis in mein Zimmer vorzudringen. Auch dieser Mann führte eine Aktentasche mit sich, doch war er weder unangenehm noch aufgeregt. Im Gegenteil: er machte einen jederzeit gemütlichen und jovialen Eindruck. »Gestatten Sie mir«, so begann er unser Gespräch, »ein offenes Wort?«

»Jederzeit«, antwortete ich. »Nur heraus mit der Sprache! Wo fehlt's, wo brennt's?«

»Sind wir uns doch ehrlich: Was Sie da täglich unter dem Namen Staberl in der Zeitung schreiben – das ist doch lauter Blödsinn …!«

»Das kommt«, warf ich ein, »auf die Betrachtungsweise an. Etliche Leser dürften anderer Meinung sein. Auch die Herausgeber sind, so weit mir bekannt ist, seit zwanzig Jahren mit meiner Arbeit recht zufrieden …«

Hier unterbrach mich mein Besucher jäh. »Ha!«, stieß er, plötzlich lebhaft geworden, hervor. »Die können nur zufrieden sein, weil sie noch nicht gelesen haben, was ich hier in meiner Tasche habe. Hier drinnen habe ich lauter neue Staberl-Artikel. Wenn ich die Ihrem Chef zeige, dann sind Sie Ihren Posten los …!«

»Meinen Chef«, sprach ich, »finden Sie im elften Stock. Gehen Sie hinauf, zeigen Sie ihm Ihre Artikel, ich packe hier inzwischen meine Sachen zusammen. Wenn Sie besser sind, räume ich gern meinen Platz.«

»Was sind Sie denn so eingeschnappt?«, wollte mein Gegenüber wissen. »Ich war noch nie im Leben ein unanständiger Mensch. Ich will Sie daher nicht um ihren Posten bringen. Schließen wir doch einen Kompromiss: Sie machen Ihren Staberl weiter, aber ich sage Ihnen täglich, was Sie schreiben sollen – und Ihr Gehalt teilen wir uns dann. Einverstanden?«

»Mein Chef«, wiederholte ich, »ist im elften Stock zu finden. Dort sind Sie an der richtigen Adresse.«

Überflüssig zu erwähnen, dass der Mann niemals im elften Stock erschienen ist. Hingegen kam er nach einer Viertelstunde noch einmal in mein Zimmer zurück, sah mir eine Weile lang scharf ins Gesicht und sagte dann:

»Sie sind magenkrank!«

»Nein«, beteuerte ich. »Zumindest weiß ich nichts davon. Mein Magen arbeitet jedenfalls zu meiner vollen Zufriedenheit.«

»Doch! Sie sind magenkrank. Die zwei Falten um Ihren Mundwinkel beweisen es einwandfrei.«

»Die zwei Falten«, antwortete ich unwirsch genug, da sich mir die Sache tatsächlich um ein Haar auf den Magen geschlagen hätte, »haben die meisten meiner männlichen Vorfahren; ein paar von ihnen sind schon neunzig Jahre alt.«

»Man kann aber nie vorsichtig genug sein«, sagte mein Besucher, indem er jetzt seiner Tasche ein mit einer grünen Flüssigkeit gefülltes Fläschchen entnahm und vor mir auf den Schreibtisch stellte. »Hier drinnen ist ein äußerst bewährtes Mittel für alle Arten von Magenbeschwerden, das vor allem auch vorbeugend wirkt. Ich mache Ihnen einen Freundschaftspreis von 300 Schilling pro Flasche. Ich würde Ihnen aber gleich eine Kurpackung von zwölf Flaschen empfehlen. Dann lasse ich Ihnen noch einmal zehn Prozent nach ...«

Wer nun meint, dass sich die Gilde der kauzigen Originale vorzugsweise aus dem Fundus der großen Zahl von, sagen wir, eher einfältigen Menschen rekrutiere, irrt grundsätzlich. Närrische Typen kommen oft genug auch in angeblich oder tatsächlich gebildeten Bevölkerungskreisen vor. Da erinnere ich mich etwa an die Zeit, als ich noch lang nicht bei der »Kronen Zeitung« den »Staberl« schrieb, sondern mich vielmehr noch bei der »Welt am Montag«, auf recht angenehme Weise übrigens, als Sportjournalist fortbrachte; als ich zum Beispiel genau zu schildern hatte, wie der Mittelstürmer, heute heißt das »Sturmspitze«, aus fünf Meter Entfernung zwar aufs Kreuzeck gezielt haben mochte, aber zu seinem Verdruss leider nur in die zweite Galerie hinaufschoss. Oder wie der rechte Flügelstürmer das so genannte Leder, heute ist's Kunststoff, mit dem linken Außenrist unhaltbar unter die Latte donnern sollte, welches Vorhaben freilich von einem Grasbüschel des auch sonst skandalös unebenen Spielfeldes durchkreuzt wurde, in das der sonst so bewährte Flügelflitzer, mit einem Wehlaut umfallend, gehackt hatte.

Das ist eben jenes so gern und oft zitierte Pech, von dem unsere Fußballer bis hinauf in unsere Tage stets verfolgt werden, worauf sie, weiter nicht verwunderlich, ein Spiel nach dem anderen verlieren.

Ein echtes Pech aber haben wir in der »Welt am Montag« einmal gehabt, als es einem damals »Schwarzweiß Bregenz« genannten Fußballverein gelang, als erster Vertreter Vorarlbergs in die oberste österreichische Liga vorzustoßen. Vorarlberg, so enthüllte bereits ein oberflächlicher Blick auf die Landkarte, ist von Wien unbillig weit entfernt. Einen Berichterstatter alle zwei Wochen zum Heimspiel der Bregenzer ins »Ländle« zu schicken, kostet Zeit, Mühe und Geld. Doch bald bot sich Abhilfe. In Bregenz machten wir einen Mann ausfindig, der unter der Woche das ehrsame Metier eines veritablen Landesgerichtsrates ausübte, sich jedoch als alter Fußballfan bereit erklärte, uns von jedem Match in Bregenz einen erstklassigen Spielbericht telefonisch zu übermitteln; die genaue Mannschaftsaufstellung durchaus inbegriffen.

Zu unserer Freude funktionierte die Sache zumindest drei Monate lang tadellos. Die Matchberichte kamen pünktlich, in richtigem Umfang sowie auch im Inhalt nicht schlechter und nicht besser als andere Matchberichte auch. Doch dann kam einmal jener Sonntag, an dem sich der Herr Landesgerichtsrat partout nicht am Telefon meldete. Wir argwöhnten schon einen Unfall oder eine plötzlich ausgebrochene Krankheit und wendeten uns dann, als die Zeit keinen weiteren Aufschub mehr duldete, an einen uns bekannten Bregenzer Funktionär, um mit dessen Hilfe einen Matchbericht zu improvisieren. Zu unserer Verblüffung erfuhren wir aber von diesem Mann, dass unser Amateur-Reporter, der Herr Rat, durchaus auf der Pressetribüne des Stadions anwesend gewesen war.

Als dann die Hektik des Schlussdienstes vorbei war, riskierte ich einen Anruf über die Privatnummer unseres Bregenzer Reporters. Der Mann war selbst am Apparat und beantwortete meine Frage, warum er uns denn um Himmels willen keinen Bericht durchtelefoniert hatte, obwohl er doch im Stadion gewesen wäre, mit entwaffnender Naivität wie folgt:

»Wissen Sie, dieses Spiel war derart schlecht, dass ich mir gedacht habe: am besten gar nichts darüber zu schreiben ...!«

Ganz Ähnliches ist in jenen Tagen einmal der Kulturredaktion des »Neuen Österreich« passiert; einer Publikation also, die auch schon längst als Zeitungsleiche den großen Fluss hinabgeschwommen ist. Dort war einmal ein junger Nachwuchs-Musikkritiker engagiert, der zwar bei weitem noch nicht die Routine altgedienter Kollegen mitbrachte, es aber mit der arroganten Besserwisserei so mancher älterer Zunftgenossen bereits jederzeit aufnehmen konnte. Der junge Herr wurde also einmal zum Konzert eines vergleichsweise minder prominenten Pianisten geschickt, einem Anlass, der leider tragisch ausgehen sollte. Mitten in seinen Darbietungen glitt nämlich der Künstler plötzlich mit einem Herzinfarkt von seinem Hocker; ein im Publikum anwesender Arzt konnte nur noch den Eintritt des Todes feststellen.

Die Kulturredaktion pries sich nun glücklich, auch zu einem vergleichsweise unwichtigen Konzert zumindest einen Nachwuchsmann geschickt zu haben, dies umso mehr, als inzwischen über den Polizeibericht die Kunde von dem tragischen Todesfall ins zuständige Ressort des Blattes gedrungen war. Doch die Hoffnung, von dem jungen Kritiker zusätzliche und womöglich dramatische Details über das Geschehnis zu bekommen, erwies sich als trügerisch: der Mann erschien weder in der Redaktion, noch ließ er sonstwie von sich hören. Der Verdacht, dass er gar nicht in dem Konzert gewesen war, erwies sich allerdings als unbegründet. Er war sehr wohl dort gewesen, hatte auch alles mit angesehen. Warum hatte er sich also nicht gemeldet?

Wenig später erreichte der höchst unwirsche Kulturredakteur den jungen Kollegen am Telefon. »Menschenskind, warum haben Sie uns denn von dem Herzinfarkt nichts berichtet?«, wollte der Chef wissen.

Die Antwort des jungen Herrn fiel höchst bemerkenswert aus. »Ich bin doch ein Musikkritiker«, sprach er höchst pikiert, »und kein Lokalreporter!«

Apropos Kulturkritik! Ich habe hier zu gestehen – mich zu »outen«, wie es heute auf Neudeutsch heißt – dass ich in jenen Tagen in der »Welt am Montag« nicht nur als Sportjournalist, sondern auch als Theaterkritiker tätig gewesen bin. Es konnte also geschehen, dass ich an einem Tag über das Wiener Fußballderby Rapid : Austria und an einem anderen über eine Premiere im Burgtheater berichtet habe. So auch einmal über Schillers »Don Carlos«, wobei der vom Wiener Publikum mit Recht geliebte Fred Liewehr in der Rolle des Marquis von Posa brillierte. In meinem Text kam nun der Satz »Der Gewinn des Abends war der Posa Fred Liewehrs» vor. Leider fiel dann aber das Manuskript einem sich kulturbeflissen wähnenden Korrektor in die Hände, der sich über dies für sehr schlau gehalten haben mochte. »Fred Liewehr?« wird sich der Mann eventuell zweifelnd gefragt haben: »In einem Sprechstück von Schiller? Das kann doch nur ein Schreibfehler gewesen sein …!« Sprach's, strich die zwei Worte »der Posa« aus und ersetzte sie durch zwei ganz andere, die seiner Meinung nach allein gemeint sein konnten. Anderntags stand schwarz auf weiß in der Zeitung:

»Der Gewinn des Abends war die Prosa Fred Liewehrs.«

Wenn es noch eine Steigerung solch unheilvoller Vermurksungen geben konnte, dann ist sie meinem späteren Kollegen Roschitz von der Kulturredaktion der »Kronen Zeitung« passiert. Als ich ihm einmal von meinem Posa-Prosa-Missgeschick erzählte, revanchierte er sich mit einem noch viel ärgeren Ungemach, dass ihn einstens ereilt hatte. Über eine gerade recht arg und immer wieder gestörte Telephonleitung gab er einer Sekretärin, die unglücklicher- und normalerweise gar nicht im Kulturressort tätig war, eine Kritik über eine Sinfonie des russischen Komponisten Schostakowitsch durch. Diesen ihr durchaus ungeläufigen Namen konnte die Dame nun nicht und nicht verstehen, auch das mühselige Buchstabieren half hier wie sich bald herausstellen sollte, nicht wesentlich weiter.

Jedenfalls war dann im gedruckten Text aus dem Komponisten Schostakowitsch ein »Schuster Kowatsch« geworden!

Missinterpretationen solcher und ähnlicher Art hätten aber kaum vorkommen können, wenn sich die Exponenten des zuweilen recht buntschillernden Zeitungsgeschäfts an einen weisen Ratschlag eines gewissen Robert Brum gehalten hätten, der gleich nach dem Krieg als Sportchef in den damaligen »Wiener Kurier« eingetreten war. Brum war schon in der Zwischenkriegszeit als Sportjournalist tätig gewesen und nahm sich nun als stets freundlicher und weithin beliebter Kollege mit rührender Sorgfalt seiner jetzt vorzugsweise jungen Mitarbeiter an. Der »Nazl«, wie er seit jeher nur genannt wurde – »Robert Brum« stand nur im gedruckten Text des Blattes – schärfte dabei seinen Schülern immer wieder die gängige Formel ein

»Meine Herren, tut's mir nur net immer Barock schreiben!«,

wobei es naturgemäß speziell unter Sportschreibern so manche geben mochte, die mit dem Vokabel »Barock« wenig bis gar nichts anzufangen wussten.

Bei Gelegenheit fragte ich den Nazl einmal, wie doch sein kategorischer Imperativ vom »barocken Schreiben« zu verstehen sei. Weil nun Brum ein nicht nur für einen Sportjournalisten sehr gebildeter und kultivierter Mensch war, erwartete ich mir dabei eine eher tiefgründig Antwort. Statt dessen antwortete mir der Nazl aber nur lapidar wie folgt:

»Barock ist jeder Satz, der mehr als ein Subjekt und ein Prädikat hat. Davon sollen die jungen Herrschaften lieber die Finger lassen!«

Beim »Wiener Kurier«, dem Blatt des Nazl Brum, war in ganz anderer Funktion ein gewisser Siegfried Weyr tätig, der mit seinen historischen Artikeln über das alte Wien zu einem richtigen Publikumsliebling geworden war. Als ich nun – zu meinem Verdruss und gegen alles Talent – zwei Jahre lang den Chefredakteur der im gleichen Verlag wie die »Welt am Montag« erscheinenden »Weltpresse« zu spielen hatte, suchte ich angelegentlich nach einem Autor, der vielleicht einigermaßen imstande sein würde, dem Siegfried Weyr von der – viel größeren – Konkurrenzzeitung »Wiener Kurier« ein wenig Paroli zu bieten. »Da brauchen wir aber nicht lang extra suchen«, sagte mir ein gewisser Emil Juschka, der ohnehin schon im Redaktionsverband der »Weltpresse« tätig war. »Das mach' ich selber ...!«

Gesagt, getan. Der Kollege Juschka schrieb von da an Reportagen à la Weyr. Juschkas Werke wollten aber, um es nobel auszudrücken, an das große Vorbild nicht recht heranreichen. Das Aus für Emil Juschka kam dann recht bald, als er eines Tages mit einer Geschichte über den 13. Wiener Gemeindebezirk und die Gegend um das Schloss Schönbrunn daherkam und dabei auch eine Brücke erwähnte, an deren Pfeiler die Buchstaben »M.T.« nicht nur zu sehen, sondern auch von Juschka überdies fotografisch dokumentiert worden waren. Die Initialen »M.T.«, so fabulierte Juschka dann im Text, gingen auf die Kaiserin Maria Theresia zurück, die den Bau dieser Brücke nicht nur anbefohlen, sondern überdies auch noch aus ihrer Privatschatulle finanziert habe.

Pech aber, das der Weyr-Nacheiferer Juschka da gehabt hat! »M.T.« stand nämlich in Wahrheit keineswegs für die legendäre österreichische Monarchin Maria Theresia, sondern war nur eine Abkürzung für »Meierei Tivoli«, eine unfern betriebene Kaffeekonditorei.

Fortan war Siegfried Weyr im »Wiener Kurier« wieder allein auf weiter Flur.

Aus dem Quellgebiet des Schmähs

Mit dem Vokabel »Schmäh« wird der deutsche Sprachnachbar Österreichs, vor allem, wenn er vielleicht aus Lüdenscheid oder gar aus Buxtehude stammt, wenig bis gar nichts anzufangen wissen. Zwar wird ihm das hochdeutsche Verb »schmähen« inklusive der dazugehörenden »Schmähung« durchaus bekannt sein, aber jenen ganz speziellen Schmäh, wie er in Österreich und hier wiederum besonders am Wiener Donaustrand so gern und geschwind umgeht, werden auch jene unserer deutschen Freunde und Nachbarn nicht zu erfassen vermögen, die zuvor als Touristen schon eine hinlängliche Kenntnis des Schlosses Schönbrunn, der k. u. k. Hofzuckerbäckerei Demel oder der in gewisser Hinsicht artverwandten Kapuzinergruft erworben haben.

Doch halt! Haben wir eben gemeint, dass der Wiener Schmäh am Donaustrand »umgeht«? Hier wäre, pardon, eine sachliche Korrektur der Ausdrucksweise dringend nötig. Alsdann: In Wien geht der Schmäh nicht um, er »rennt« vielmehr. Für das klaglose Beibehalten dieser Fortbewegungsart sorgen dann versierte bodenständige »Schmähführer«. Doch davon noch später. Zunächst wollen wir unsere Untersuchungen des Wiener

Schmähs methodisch vorantreiben, gewissermaßen von der Pike an, wie es oben im Norden eventuell heißen könnte.

Ach ja, der Schmäh könnte zunächst einmal in primitiver Weise mit »Lüge« übersetzt werden. »Erzähl' da kane Schmäh!«, als Imperativ aus Wiener Mund kommend, mag durchaus auch der Aufforderung entsprechen, doch lieber bei der Wahrheit zu bleiben, bitte schön. Eine solch simple Definition, fast möchten wir sagen: diese Vulgärbedeutung des Wiener Schmähs, wollen wir schon aus Gründen der Vollständigkeit keineswegs unterschlagen. Doch nur kurz halten wir uns bei der einfachen Gleichung »Schmäh = Lüge« auf, um sofort den viel subtileren Bedeutungen des Schmähs nachzuspüren.

Da hätten wir zum Beispiel einmal den sogenannten »gesunden Schmäh«. Der hat mit Gesundheit oder Krankheit grundsätzlich nichts zu tun, wenngleich wir nicht verhehlen wollen, dass ein gesunder Schmäh – bedenkt man nur die von den Doktoren der Medizin immer noch arg vernachlässigten Wechselbeziehungen zwischen Humor und physischem Zustand des Menschen – in manchen Fällen gewiss auch das Wohlbefinden des Menschen befördern kann.

Den gesunden Schmäh also legt zum Beispiel ein Gebrauchtwagenhändler an den Tag, der uns ein Gefährt als beinahe »fabrikneuwertig« andrehen will, das doch in Wahrheit bereits aus dem letzten Ventil pfeift. So besehen ist der gesunde Schmäh dort gegeben, wo eine Flunkerei derart faustdick aufgetragen wird, dass sie eigentlich von niemandem mehr für bare Münze genommen werden dürfte.

Ein gesunder Schmäh dieser Art liegt etwa auch vor, wenn der Ehemann erst zu früher Morgenstunde heimkehrt und sein ungebührlich langes Ausbleiben mit dem Hinweis auf seinen schon um 22 Uhr des Vortages verlorenen Wohnungsschlüssel zu begründen trachtet, den er dann in nächtlicher Folge fieberhaft gesucht, aber eben erst wieder gefunden habe. Gern ist in solchen Fällen auch von einem »Hausmeister-Schmäh« die Rede, wobei wir die Frage offen lassen müssen, ob hier vielleicht gar eine unbillige Schmähung des ehrsamen Wiener Hausbesorger-Standes vorliegen möge.

Von grundsätzlich anderer Beschaffenheit ist hier der so genannte Eisenbahner-Schmäh. Der ist wiederum im bunten Reich des Fußballs angesiedelt und umschreibt dort jene einst sehr beliebte Technik beim Überspielen eines Gegners, bei der der Ball auf der einen Seite vorbeigeschoben wird, während der diese Abart des Dribblings anwendende Spieler auf der anderen Seite herumkurvt. Von einem »Ball« ist allerdings auf den zum Entsetzen der Vereinskassiere zumeist äußerst spärlich besetzten Zuschauertribünen der Wiener Vereine kaum jeweils die Rede. Man spricht vielmehr von jener »Wuchtel«, die erst dann einmal zum »Knödel« wird, wenn sie sich, wie muss man nicht wissen, tatsächlich ins gegnerische Tor verirrt haben sollte.

Ein ähnlich gearteter Primitiv-Schmäh liegt vor, wenn

etwa die Sektretärin am Morgen um eine halbe Stunde zu spät ins Büro kommt und ihr verzögertes Erscheinen mit dem Hinweis »Verzeihen S', Herr Chef, ich hab mich verschlafen« zu begrüßen trachtet. Hier mag dann der Chef wiederum mit einem gesunden Schmäh reagieren, indem er verwundert mit der Frage »Was? Z'Haus schlafen S' a no?« reagiert.

Was aber ist der »Amour-Schmäh«? Der liegt vor, wenn ein notorischer Damenfreund, in Wien und Umgebung wie »Katzenschlepper« ausgesprochen, den diversen Objekten seiner Sehnsüchte stets jene grosse Liebe vorgaukelt, an der man bekanntlich höchste Erfüllung findet oder, wenn schon nicht das, dann doch zumindest schlicht zugrunde geht. An eine sehr versiert-bodenständige Gegenspielerin darf der Filou allerdings nicht geraten, sonst könnte es ihm leicht geschehen, dass die zumindest vorübergehend solchermaßen Angebetete in ebenbürtiger Weise reagiert. »So an siassen Schmäh«, mag die Dame dann sagen, »kannst dir aber in die Haar' schmieren ...!«

Der Anwender des Amour-Schmähs wird gern mit der negativ besetzten Bezeichnung »Schmähtandler« bedacht werden. Höchste Achtung ringsum hingegen führt der eingangs schon kurz erwähnte »Schmähführer«. Wer jederzeit einen ordentlichen Schmäh zu »führen« versteht, darf in Wien jederzeit auf allgemein beifällige Aufnahme zählen.

Die Gattungsbezeichnung eines Schmähtandlers hat übrigens auf höchst originelle Weise auch der berühmte

Autor und Kritiker Hans Weigel verwendet, als er einmal im heiteren Freundeskreis auf eine damals neue und seither bereits legendäre Kabarettnummer des nicht minder berühmten Helmut Qualtinger reagierte. Qualtinger, von seinen Freunden vorzugsweise und liebevoll auf »Quasi« abgekürzt, spielte damals gerade vor allabendlich ausverkauftem Haus die allerdings – was heute weitgehend in Vergessenheit geraten ist – von Carl Merz geschriebene geniale Schöpfung »Der Herr Karl«. Dort hatte der Wiener Gemütsmensch Karl irgendwo einmal seiner Ehefrau – vorangegangene Charakterisierung: »Mei' zweite Frau war a Bedienerin – aber sonst reinlich ...« – den Laufpass gegeben, sich aber die gemeinsame Gemeindewohnung in listiger Weise unter den Nagel gerissen und dies mit dem Hinweis »Die Gemeindewohnung hab' i mir natürli g'halten, i bin do net deppert« begründet. Hans Weigel schüttelte nun in Anwesenheit Qualtingers eine Parodie auf den Herrn Karl aus dem Ärmel, wobei er sich eines ganz anderen Herrn Karl bediente, nämlich des Schiller'schen »Don Carlos«, welches Stück damals gerade am Burgtheater auf dem Spielplan stand. Dabei legte Weigel dem spanischen Herrn Karl aus dem 16. Jahrhundert in Anlehnung an die Gemeindebau-Aussage von Merz & Qualtinger die folgende Prahlerei in den Mund:

»Alsdann, mir hätten s' damals die blühendsten Provinzen glatt nachg'schmissen, Flandern zum Beispiel – aber i war do net deppert, i hab' mir liawa die Wohnung im Escorial g'halten ...!«

Der spanische Herr Karl war eben so, wie ihn Weigel in seiner freilich nie veröffentlichten Kurzfassung aus dem Mund eines seiner Hofschranzen charakterisieren ließ, ein ordentlicher »Schmähtandler«.

Telefon-Schmähtandler Quasi

Helmut Qualtinger produzierte sich übrigens mit ausgeprägter Wonne selber gern als eine Art Schmähtandler – und zwar am Telefon. Seine Telefon-Scherze waren in ganz Wien gefürchtet. Sie lebten von der geradezu unheimlichen Gabe Qualtingers, fast jedermann am Telefon nachahmen zu können. Wie oft peinigte er etwa den Chef des »Neuen Österreich«, Rudolf Kalmar, am Telefon! Dabei machte sich Quasi die Tatsache zunutze, dass Kalmar, zuvor dem Hitler knapp entronnen, in ständiger Furcht lebte, nunmehr im besetzten Wien auch noch von Stalin verschleppt zu werden. Ein gefundenes Fressen für Quasi! Zwei-, dreimal war ich persönlich anwesend, wie Helmut mit meisterhaft zelebriertem russischem Akzent als Hochkommissar der sowjetischen Besatzungsmacht Kalmar anrief. Bei aller Sympathie für den genialistischen Helmut Qualtinger – aber damals überwog bei mir das Mitlied mit dem so nachhaltig telefonisch gepeinigten Rudolf Kalmar.

Als ich nun Helmut Qualtinger einmal in jenen Jahren, als ich noch lang nicht in der »Krone« den »Staberl« schrieb, sondern mich vielmehr als Chefredakteur und Sportjournalist der »Welt am Montag« fortzuhelfen hatte, mein Leid über einen gewissen Lustig-Prean klagte, versprach mir Quasi spontan Linderung meiner Qual. Lustig-Prean schrieb damals in jeder Ausgabe der »Welt am Montag« unter dem Strich ein vierspaltiges Kultur-Feuilleton, mit dem ich, weil der Autor sich nur von seinen persönlichen Sympathien oder Abneigungen leiten ließ, reichlich unzufrieden war. Ich konnte aber Lustig-Prean, den ich schon von meinem Vorgänger übernehmen musste, umso weniger los werden, als er in der linken Wiener Politszene einflussreiche Freunde und Hintermänner hatte. Die »Welt am Montag« aber, obwohl offiziell nicht als politisches Organ geführt, erschien immerhin im sozialistischen »Vorwärts«-Verlag.

Nun sah sich Lustig-Prean, fast schon abermals mein Mitgefühl erregend, plötzlich in den Kreis jener aufgenommen, die von Quasi zu jeder Tages- und vor allem zu jeder Nachtzeit am Telefon heimgesucht wurden. Der unübertroffene Höhepunkt dieser Aktivitäten soll hier überliefert werden.

Dazu muss man wissen, dass Lustig-Prean in jenen Tagen für sein Leben gern Direktor der Wiener Volksoper geworden wäre; weshalb er auch in seiner Kolumne den damaligen Chef des Hauses bei jeder sich nur bietenden Gelegenheit nachhaltig heruntermachte. Unter Umständen wäre Lustig-Prean aber auch mit dem Posten eines Direktors des Volkstheaters zufrieden gewesen. Dieser Umstand eröffnete im Verein mit einem glücklichen Zufall den Telefon-Attacken Quasis eine ungeahnte zusätzliche Gelegenheit.

Der Zufall bestand in der prinzipiell wenig ergiebigen Tatsache, dass sich der Chef des Volkstheaters, Leon Epp, damals gerade für ein paar Tage wegen eines keineswegs lebensgefährlichen chirurgischen Eingriffs ins Wiener Rudolfsspital legen musste. Als Quasi davon erfuhr, holte er zu einem wahrhaft diabolischen Schlag aus. Er rief Lustig-Prean mit einer neuerlich verstellten Telefon-Stimme nächtens an, gab sich als Oberarzt Dr. Nowak vom Rudolfsspital aus und teilt seinem aus dem Schlaf gerissenen unfreiwilligen Gesprächspartner eine überaus umständliche Schilderung eines frei erfundenen Sachverhalts mit, der sich, relativ kurz, wie folgt zusammenfassen lässt:

»Hier Oberarzt Dr. Nowak vom Rudolfsspital ... bitte für die Störung tausendmal um Entschuldigung ... aber ich weiß nicht, wie ich mich verhalten soll ... Haben hier einen Patienten namens Leon Epp, in dessen Befinden leider eine plötzliche Verschlechterung eingetreten ist, die zu den schlimmsten Befürchtungen Anlass gibt ... Habe schon versucht, die Angehörigen zu erreichen, leider ohne Erfolg ... Nun ist der Patient in ein Fieberdelirium verfallen ... stammelt unentwegt zumeist unverständliches Zeug ... können aber immer wieder etwa Folgendes entnehmen: Bitte schnell Lustig-Prean an mein Bett holen ...! Und dann ist auch noch die Rede von einem Werk, das fortgesetzt werden muss ... Bitte, Herr Doktor Lustig-Prean, sagt Ihnen das vielleicht irgendetwas ...?«

Natürlich war alles glattwegs erlogen, was Quasi da

telefonisch vollführt hatte. Im ganzen Rudolfsspital gab es keinen Oberarzt Nowak. Einen Patienten Leon Epp gab es zwar, aber der schlief gerade seiner am nächsten Vormittag auch tatsächlich erfolgten Entlassung entgegen; da er gar kein Fieber hatte, konnte er naturgemäß auch nicht im Fieberdelirium liegen; und schon gar nicht einen Nachfolger suchen, der sein begonnenes Werk fortsetzen würde.

Natürlich konnte dieser relativ grausame Telefon-Schmäh Qualtinger nie zu einer uns, den Ohrenzeugen, erkennbaren Pointe führen – wenn nicht Lustig-Prean in einer mir bis heute völlig unverständlichen Weise in seiner nächsten Kolumne den ganzen Vorfall haarklein geschildert hätte! Verantwortungslose Lausbuben, so ereiferte er sich, hätten sich mit ihm und seinen Gefühlen jederzeitiger Nächstenliebe einen gar üblen Scherz erlaubt. Und zu unserem maßlosen Erstaunen erfuhren nicht nur Qualtinger und seine Freundesrunde, sondern überdies auch noch die Leser der »Welt am Montag«, wie sich der telefonisch aus dem Schlaf gerissene Lustig-Prean gleich darauf in ein Taxi gesetzt und ins Rudolfsspital geeilt war, wo er allerdings zu dem programmgemäß schlummernden und eigentlich längst genesenen Patienten Leon Epp erst gar nicht vorgelassen worden ist.

Postscriptum in Sachen Qualtinger

»Staberl« Kolumne: Der eine oder der andere

Jeder muß sich heut motorisieren ...! So hat es schon vor rund vierzig Jahren der unlängst erst mit Recht gefeierte Helmut Qualtinger – wobei die diversen Lobpreiser leider sträflich den gleichermaßen genialen Textdichter Carl Merz unterschlagen haben – in seherischer Weise vorausgesagt.

Den kategorischen Imperativ haben neulich zwei Dutzend junge Kavaliere am Steuer, die womöglich von Qualtinger und Merz gar keine Ahnung haben, noch viel weiter befolgt. Motorisiert waren sie ja selbstverständlich schon, aber nun haben sie auch noch in ihrer Heimatstadt – eh nicht im Zentrum, sondern draußen an der Peripherie – ein ganz privates Autorennen veranstaltet, Motto nach Qualtinger : »Ich hab' zwar ka Ahnung, wo i hinfahr', aber dafür bin i g'schwinder durt!«

Der private Grand Prix, mit enormen Krawall oft bis in die frühen Morgenstunden hinein fortgesetzt, hat die Anrainer derart gepeinigt, dass sich am Ende sogar die Polizei zum Einschreiten veranlasst gesehen hat, zu welchem Sachverhalt sich schon wieder ein Qualtinger-

Zitat aufdrängt: »Wachsame Gendarmen-Augen spähen in die Nacht ...«

Jedenfalls wurde der illegale Rundkurs amtlich scharf überwacht, die privaten Piloten in ihren vermeintlichen Boliden schließlich arretiert, um dann, wie es so üblich ist, »auf freiem Fuß angezeigt« zu werden. Dazu liest man in einem einschlägigen Bericht: »Da könnte der eine oder andere dieser Rennfahrer wohl auch seinen Führerschein loswerden.«

Wie bitte? Der eine oder der andere nur? Wieso nicht alle? Zu dieser Frage ist mir von einem mir bekannten höheren Polizeibeamten eine Erfahrungstatsache mitgeteilt worden. Die Abnahme des Führerscheins, so erfuhr ich, nütze doch wenig bis gar nichts. »Wir kennen doch unsere Pappenheimer«, sagte der Polizist mit bekümmerter Miene. »Wenn wir denen die Führerscheine wegnehmen, dann fahren sie eben ohne Führerschein weiter. Weil sie aber wissen, dass wir doch nicht alle unauffälligen Fahrer kontrollieren können, fahren sie dann die sechs Wochen lang wie die Lamperln. Aber wenn die den Schein dann zurückhaben, teufeln die auch schon wieder wie die Wilden dahin ...!«

Gunther Philipp, Meister-Schmähführer

Aus dem so reich bestückten Fundus der Wiener Schmähführer darf der in weiten Teilen des deutschen Sprachraums aus freilich ganz anderen Gründen bekannt und berühmt gewordene Gunther Philipp keineswegs unberücksichtigt bleiben. Gunther, der im deutschen Lustspielfilm seine ansehnliche Karriere vorzugsweise seiner freilich frappanten Fertigkeit verdankte, nicht nur mit den Ohren, sondern überdies auch noch mit der gesamten Kopfhaut zu wackeln, ist in Wahrheit einer der gescheitesten und intelligentesten Menschen, die mir je untergekommen sind. Sein stets hellwacher und gewissermaßen jederzeit blitzschnell zupackender Verstand sucht seinesgleichen. Ich weiß hier auch, wovon ich rede, bin ich mit Gunther doch schon seit einem halben Jahrhundert befreundet. Wenig Leute hat es in dieser langen Zeit gegeben, die mich so oft und so nachhaltig zum Lachen gebracht haben. Als ob es gestern gewesen wäre, entsinne ich mich an jenen Abend im Haus unseres gemeinsamen Freundes Dr. Eduard Tschokl – mit dem ich wiederum 24 Jahre lang in diversen Ozeanen der Welt an Tauchunternehmen teilgenommen habe –, da Gunther zu wahrer Hochform aufgelaufen war und uns eine One-Man-Show bot, die jederzeit bühnenreif gewesen wäre – wenn nicht so manche ihrer umwerfenden Gags nicht allzu deftig und keineswegs jugendfrei gewesen wären.

Meine Erinnerung an diesen Abend ist deshalb bis heute so wach, weil ich damals – »Treibe Sport oder bleibe gesund!« – gerade zwei gebrochene Rippen hatte; ein Umstand, der mir nicht nur beim Husten, sondern auch schon beim gewöhnlichen Atmen jederzeit Schmerzen bereitete. Vom Lachen erst gar nicht zu reden.

Da saß ich nun – und jede Pointe, die Gunther abfeuerte, verursachte mir einen Stich in der Brust. Doch was sollte ich tun? Hinausgehen und alles versäumen, was Gunther da in reicher Folge zum Allerbesten gab? Also blieb ich denn und versuchte nach Kräften, mit möglichst angehaltenem Atem den Schmerzpegel so gering wie nur möglich zu halten. So hat mir also mein alter Freund Gunther an diesem Tag Schmerzen bereitet; und damit eigentlich seinen einst geleisteten Hippokratischen Eid gröblich verletzt. Und wer mit einer solchen Feststellung nichts anzufangen weiß, hat wohl auch übersehen, dass dieser Gunther Philipp einst Dr. Philipp Plachetta geheißen hatte und ein veritabler Mediziner und Neurologe gewesen ist. Dass er so nebenbei auch einmal eine Weile lang den österreichischen Rekord im Brustschwimmen über 100 Meter gehalten hat, soll hier zusätzlich festgehalten werden.

Mühelos vermochte Gunther seine umwerfenden Schmähs auch auf Englisch zu zelebrieren. Er beherrschte diese Sprache in allen Facetten virtuos: vom King's English des englischen Lords und seinem unvermeidlicher Weise James genannten Butler bis hinunter zum Jargon eines Brooklyner Taxifahrers oder eines Südstaatlers aus Alabama. Dass Gunter natürlich auch das Idiom der Wiener Vorstädte – korrekte Aussprache: der »enteren Gründ« – ebenso meisterhaft in seinem Repertoire hatte wie das schnoddrige Berlinerisch oder den näselnden Tonfall preußischer Militärschädel, sei nur der Vollständigkeit halber erwähnt. So konnte es denn auch zu von Gunther gern und oft präsentierten Dialogen zwischen Wiener und deutschen Besuchern kommen. Dabei bekamen aber nicht allein die Besucher aus dem Norden ihr Fett ab, wie man dort zu sagen pflegt; auch die Wiener und ihre angebliche Gemütlichkeit wurden mit so manchem »Knödelreiter« bedacht; ein Vokabel, das man etwa mit einem »Kniestoß ins Gesäß« zu übersetzen hätte. Hier hat ja schon vor Zeiten Karl Kraus, indem er sich auf das gern zitierte Goldene Wienerherz bezog, kurz und bündig erklärt: der Wiener sei demnach der einzige, der ein Herz aus Metall in der Brust hätte.

Jetzt aber ohne weiteren Verzug hinein in Gunther Philipps Wiener-Preußen Schmähs!

»Sie hier!«, geht der Besucher aus dem Norden einen einheimischen Passanten an: »Wo is'n hier der Schwanzenberger-Platz?« Der eingeborene Wiener, scheinheilig auf seine ihm so gern attestierte Höflichkeit bedacht: »Sagen S' – können S' net ›bitte‹ sagen?« »Nee«, entgegnet der Preuß', »da verloof ick mir liwa ...!«

Auf Wunsch lieferte Gunther dieses markante Zwiegespräch aber jederzeit auch mit einem anderen Schluss. Nämlich wie gehabt:

»Wissen Se, wo hier der Schwanzenberger-Platz is?« Hinterfotzig darauf der Wiener: »I scho'!« – und entfernt sich.

Dass die fragliche Örtlichkeit Schwarzenbergplatz und nicht »Schwanzenberger-Platz« heißt, darf als subtile und hintergründige Facette aus Gunthers Repertoire hingenommen werden.

»Schupo«, fragt ein anderer deutscher Tourist einen eben des Weges kommenden Wiener Polizisten: »Wie komm' ick denn hier zu'n Philharmonikern?« – Der Wachmann demonstriert eindringlich die Geste des Geigenspielens: »Üben – immer fleißig üben ...!«

Wie so manche anderen Schnurren Gunthers geht auch die folgende auf unerwartete Weise gewissermaßen nach hinten los. Man muss dazu zweierlei wissen. Erstens, dass einst auf der legendären Wiener Kärntnerstraße noch lebhaft der Straßenstrich vollführt worden ist; zweitens, dass sich in unmittelbarer Nähe die Albertina befindet, das Museum mit der berühmten graphischen Sammlung.

Der Deutsche also zum Wiener Wachmann: »Schupo, wie komm' ick denn hier zur Albertina?« Nachdenklich kratzt sich der Polizist am Kopf. »Ja mei'«, sagt er dann ein wenig unsicher. »I kenn' ja die Menscher alle – owa wie's hoaßen, waß i selber net ...«

Mühelos zog Gunther seine im Freundeskreis dargebotene Privat-Show auch auf Englisch durch, etwa in seinem Bericht über eine im Eiltempo vollführte Weltumrundung einer amerikanischen Touristengruppe unter dem Generalmotto »See the world in twelve days« – also etwa: »Die ganze Welt in zwölf Tagen!«

Die Geschichte mit ihren zwölf Etappen ist zum Brüllen komisch, doch leider auch zu lang, um hier in vollem Umfang erzählt zu werden. Kleine Kostprobe vom elften Tag in Paris vor dem Louvre, wo ein amerikanisches Ehepaar, zu Tode erschöpft von den unmenschlichen Strapazen der vorangegangenen zehn Tage, verzweifelt vor dem riesigen Museumskomplex steht. Doch der Ehemann weiß Abhilfe. »Nimm du den linken Flügel«, sagt er zu seiner Gesponsin, »ich mache den rechten ... Dann sind wir schneller durch!«

Im rechten Flügel gerät dann der Ami an einen einheimischen Franzosen, der den Touristen aus den USA in mühseligem Englisch in ein Gespräch über Malerei verwickeln will. Der Verlauf des Dialogs ist leider unmöglich ins Deutsche zu übersetzen; Minimalkenntnisse des Französischen und Englischen sind daher Voraussetzungen, um diesen Schmäh zu verstehen.

»Do you like Toulouse-Lautrec?«, fragt der Einheimische in seinem von Gunther meisterhaft beherrschten Englisch mit französischem Akzent den Amerikaner.

Unwirsch brummt der Ami zurück: »I don't like to loose anything ...!«

Ganz ohne Wiener, französische oder amerikanische Mitwirkung gehen hingegen Gunthers unübersehbar zahlreiche Schmähs mit den preußischen Mitwirkenden Giesewitz und von Prittwitz über die Bühne. Diese Geschichten könnten wohl, ohne Auslassungen nacherzählt, unser halbes Buch füllen. Nur drei Kostproben also.

»Da promenier' ick mir«, berichtet von Prittwitz den Kameraden im Offizierskasino, »üwa'n Kurfürstendamm – seh ick vor mir Jiesewitzen jehn. Sage ich von hinten: Tach, Jiesewitz! Doch der Mann dreht sich jar nich um, jeht immer weiter. Da klopp' ick ihm uff die Schulter und sache: Kennst wohl meine Stimme nich mehr, wat? Jiesewitz dreht sich abermals nich um, jeht immer weiter. Da hau ick ihm von hinten mal eine feste druff und sache ganz laut: Willst wohl ollen Kumpel nich mehr kennen, wat? Da dreht sich Jiesewitzen endlich mal 'rum – da seh ick: Det is jar nicht Jiesewitz!«

Und dann, nach einer dröhnenden Lache: »Selten so jelacht!«

»Anderntags«, berichtet von Prittwitz dann im Verlauf des Abends weiter, »abendliches Jartenfest besucht. Laue Sommernacht. Überall Lampions. Icke mit eener tollen Puppe uff Gartenbank jesessen. Musike spielt schmachtend argentinischen Tango. Toll erotische Stimmung jewesen – beinah' wär' es zum Handkuss jekommen ...!«

Oder: Von Prittwitz unterrichtet Mathematik in preußischer Kadettenakademie. Monokel ins treudeutsche Ooje jeklemmt, betritt er das Klassenzimmer. »A quadrat plus B quadrat«, verkündet er, »is C quadrat. Det is der Pythagoräische Lehrsatz, verstanden?«

»Jawoll, Herr Major«, brüllen die Kadetten im Chor. »Die Bürgerlichen«, setzt von Prittwitz dann fort, »könn' det ooch beweisen. Bei uns aber, meine Herren ...« und jetzt salutiert von Prittwitz mit betonter Geste: »Bei uns jenücht Ehrenwort ...!«

Ein g'sunder Schmäh des Joschka Fischer

Schon unser kurzer Exkurs von den Bergen und Hügeln bis hin zu den preußischen Niederungen des deutschen Sprachraums hat uns eigentlich gezeigt, dass der zumeist recht deutlich zur Schau getragene Stolz des Wieners auf das lediglich ihm inne wohnende Talent zum Schmäh und Schmähführen wenig mehr als eine bloße Anmaßung ist. In Wahrheit gedeiht der Schmäh, freilich in so manchen regional bedingten Abarten, auch anderswo unter den Deutschsprachigen, ja wohl sogar überall in der weiten Welt.

Indem wir aber jetzt wieder einmal im Interesse des besseren Verständnisses des Kommenden abermals kurz abschweifen, erscheint es uns nützlich, den Begriff des »Preußen« aus österreichischer und speziell aus Wiener Sicht näher zu definieren. Hier wäre es ein schwerer Fehler, die Sache in engstirniger Weise nur vom rein geographischen oder ethnischen Standpunkt aus zu betrachten; eine solch unzulässig primitive Wertung möge dem Geographie- oder Volkskunde-Unterricht in unteren Klassen deutschsprachiger Elementarschulen vorbehalten bleiben. Wenn also nun der Wiener »Preuß'« sagt, dann muss er diese Charakterisierung nicht notwendiger Weise auf einen Bewohner von Brandenburg und Umgebung beschränken: der Preuß' kann vielmehr auch aus Hamburg oder Bremen, ja in Extremfällen sogar aus Dresden, ja sogar Würzburg stammen. Doch selbst diese Erkenntnis ist durchaus nicht exklusiv auf Wiener Mist gewachsen, wie eine schon legendär gewordene Schnurre aus Bayern beweist.

Da kommt also ein Japaner auf den Münchner Viktualienmarkt und tappt der Reihe nach alles an, was dort an einem Stand feilgeboten wird. Birnen, Zwetschken und Äpfel, Karotten, Erdäpfel und Paradeiser werden in die Hand genommen und dann strengen Druckkontrollen unterworfen; wobei wir uns hier die Freiheit genommen haben, nicht etwa »Mohrrüben« oder »Tomaten« hinzuschreiben, sondern demonstrativ auf österreichische Vokabeln zurückzugreifen. Mit wachsendem Grimm verfolgt nun der urbayerische Standler die Machinationen seines – hoffentlich – potenziellen Kunden. Doch dann scheint das Ergebnis seiner von ihm so angelegentlich vorgenommenen Proben nicht recht befriedigt zu haben; jedenfalls verlässt er, ohne auch nur eine Erbse gekauft zu haben, den Ort des Geschehens.

Der Standler verfolgt den Mann mit missbilligenden Blicken. »Saupreiß!« stößt er dann zwischen halbgeschlossenen Lippen hervor: »Saupreiß, japanischer!«

Ob nun der deutsche Bundesaußenminister Joschka Fischer als lupenrein ethnischer Preuße einzustufen wäre oder lediglich als Preuß' nach Wiener Definition, wenn nicht gar als Saupreiß gemäß oberbayerischer Sicht der Dinge genannt werden sollte, wollen wir hier, um den Gang unseres Berichtes nicht noch weiter zu verästeln, außer Acht lassen. Jedenfalls aber hat der bundesdeutsche Minister Fischer noch kurz vor meinem Abgang von der »Kronen Zeitung« ins nunmehr wohltuende Privatleben bewiesen, dass der Schmäh nicht allein am Donaustrand beheimatet ist, sondern auch weit oben im Norden gedeihen kann.

Den deutschen Außenminister Joschka Fischer habe ich nun in meiner »Staberl«-Kolumne nie übermäßig freundlich behandelt. Ich habe es, nur so beispielsweise, nie bei der wertfreien Bezeichnung »deutscher Außenminister« belassen. Vielmehr habe ich in stets gleichbleibender Formulierung gern wie folgt geschrieben:

»… der vom proletarischen Fetzen-Look und Turnpatschen-Marschierer nunmehr zum Träger von Lackschuhen, feinen Krawatteln und weißseidenen Maßhemden mutierte deutsche Außenminister Fischer …«

Das ging eine ganze Weile lang so dahin, bis dann der Tag kam, an dem der Bundesaußenminister Fischer Österreich und den Österreichern die gnädige Huld eines offiziellen Besuches in der österreichischen Botschaft in Berlin erwies. Damit sollte nach der Aufhebung der wahrhaft erbarmungswürdigen unsinnigen Sanktionen der 14 EU-Staaten – die der ehemalige Bundeskanzler Kohl als »konzentrierte Dummheit« bezeichnet hat, und die schon lang zuvor den bayerischen Ministerpräsidenten Stoiber zu einem massiven Eintreten für Österreich veranlasst hatte – gezeigt werden, dass die Österreicher von einem Schurken- und Nazivolk nunmehr wieder zu einem wenigstens für halbwegs normal anzusehenden Nachbarn Deutschlands geworden sind.

»Staberl« hatte nun mit diesem Besuch des Bundesaußenministers Fischer in der österreichischen Botschaft nur eine mäßige Freude. Ich schrieb daher in meiner Kolumne unter anderem:

»Der ehemalige Turnpatschen-Marschierer Fischer hätte nicht in unsere Berliner Botschaft, sondern besser dorthin gehen sollen, wo der Pfeffer wächst. Dabei hätte er, wenn wir einen Wunsch äußern dürfen, gleich auch seinen Chef, den Bundeskanzler Schröder, mitnehmen sollen.«

Etwa eine Woche später, ich hatte die Sache schon halb und halb vergessen, erhielt ich einen Telefonanruf der von mir schon seit langem geschätzten deutschen Botschafterin in Österreich, Frau Holik. Schon die ganze Zeit über, sagte mir die offizielle Vertreterin der Bundesrepublik in Wien, hätte sie wieder einmal ein gemeinsames Mittagessen vorschlagen wollen, wie immer auch mit ihrem Botschaftssekretär Cantzler. Jetzt hätte sich ein solcher Anlass ergeben. »Aber dazu«, sagte die Botschafterin, »übergebe ich am besten gleich an Herrn Cantzler.« Er hätte, enthüllte mir Cantzler daraufhin, eine eben per Diplomatenpost bei der Botschaft eingelangte und an mich weiter zu leitende Briefsendung erhalten: »Wohin darf ich Ihnen den Brief bringen?« Zuvor schon hatte ich aber mit der Botschafterin Holik bereits ein Mittagessen gleich für den folgenden Tag fixiert; wie immer auch zusammen mit Cantzler. »Sie können mir«, schlug ich daher vor, »den Brief gleich morgen mitbringen.«

Das wäre aber, so informierte mich Cantzler, eigentlich eine Verletzung seiner Dienstpflicht. Diplomatenpost müsse nämlich innerhalb der jeweils kürzestmöglichen Zeit an den Empfänger weitergeleitet werden.

Daher sprang Cantzler ohne jeden Verzug ins Auto, um mir meinen per Diplomatenpost geschickten Brief nicht erst morgen, sondern bereits heute zu übergeben.

Der Brief, eigentlich war es schon ein kleines Paket, kam aus dem fernen Indonesien. Genau gesagt: aus dem Hotel Hyatt in Djakarta. Er enthielt neben einem handschriftlich abgefassten Schreiben an mich auch noch zwei Säckchen mit Pfeffer. Absender des per Diplomatenpost von Djakarta eiligst nach Wien geschickten Päckchens aber: Joschka Fischer, Bundesaußenminister.

Wie Fischer nach Indonesien geraten war, ist leicht zu erraten. Er war in irgendeiner diplomatischen Mission, wenn nicht gar auf Staatsbesuch dorthin gereist. Der Grund aber, dem in Wien tätigen Kronen-»Staberl« nicht nur einen Brief, sondern überdies auch noch zwei Säckchen Pfeffer zu schicken, konnte dem Wortlaut des Schreibens zweifelsfrei entnommen werden:

»Djakarta, 3. 11. 2002
Werter Herr Kommentator,
nach der Lektüre Ihres lichtvollen Kommentars vom 28. 10. 2000, in dem Sie mich dorthin wünschten, wo der

Pfeffer wächst, grüße ich Sie unverzüglich von eben da, nämlich aus Indonesien. Anbei etwas Pfeffer von den Gewürzinseln. Vielleicht macht dieser Ihre Kommentare in Zukunft noch feuriger.
Grüße aus dem Land des Pfeffers

Joschka Fischer«

Ein kleiner Fehler ist dem deutschen Außenminister bei dieser Aktion übrigens unterlaufen. Von den beiden Säckchen enthielt nämlich das eine schwarzen, das andere roten Pfeffer. In Anbetracht der in Deutschland gerade obwaltenden Koalitions- und Herrschaftsverhältnisse hätte mir Freund Joschka besser eine Portion roten und eine Portion grünen Pfeffer schicken sollen. Aber bitte sehr: ganz ohne Fehler ist ja keiner. So oder so aber hat Fischer jedenfalls bewiesen, dass der Schmäh nicht nur notwendigerweise am Donaustrand zu Hause sein muss. Oder, wie es ein guter Freund, dem ich den Brief und die Pfeffersäckchen gezeigt habe, mit kaum verhehlter Anerkennung formuliert hat:

»Aber eines muss man dem Fischer lassen – einen g'sunden Schmäh hat er!«

Kreisky

Sie nannten ihn den Sonnenkönig. Wer diesen genialen Spitznamen je ersonnen hat, verliert sich im Dunkel der Überlieferung. Wäre ich es gewesen: bis heute wäre ich auf diesen außergewöhnlichen Ausdruck noch stolz. Besser hätte man Bruno Kreisky in der lan-gen Zeit seiner einsamen Kanzlerschaft in der zweiten Republik Österreich wohl kaum charakterisieren können. Sogar in seinem Äußeren ähnelte der Bundeskanzler von Österreich dem vierzehnten Ludwig von Frankreich. Was aber die in den Geschichtsbüchern längst legendäre Gleichsetzung des Staates mit der Person des Monarchen betrifft, so hat zwar Bruno Kreisky die selbstherrliche Gleichung »L'état c' est moi!« nicht wie sein royalistischer Vorgänger gewissermaßen auf dem Direktweg höchst eigenhändig verfügt, aber gemeint hat es der sozialistisch-republikanische Nachfahre aus dem kleinen Österreich der Zweiten Republik wohl allemal.

Sie nannten ihn ferner auch den Journalistenkanzler, womit freilich auch endlich einmal eine klare Trennlinie zwischen dem originären und dem nachmaligen Sonnenkönig gezogen worden ist. Während sich ja der absolutistisch regierende französische König um Journalisten und ähnliches Gelichter füglich nicht kümmern musste, war der österreichische Partei- und Regierungschef Kreisky im Zeitalter von Pluralität und zumindest annähernd erreichter Pressefreiheit doch bis zu einem gewissen Grad davon abhängig, was die Zeitungen über ihn schrieben, und wie ihn das Fernsehen in jenes rechte Bild setzte, das weit über jene Zeit hinaus allemal noch das linke zu sein hatte.

Indem wir aber nun die in der Tat augenfälligen Parallelen zwischen Ludwig dem Vierzehnten und Bruno dem Ersten dort liegen lassen, wo Kreisky seinen Standort stets gesehen hat, nämlich links: da wollen wir, weil es gar so amüsant ist, denn doch noch einen kurzen Blick der erstaunlichen Diskrepanz widmen, die sich zwischen der stets so stolz zur Schau getragenen linken Ideologie und dem betont großbürgerlichen Exterieur des österreichischen Sonnenkönigs so unübersehbar aufgetan hat. Wer da etwa gemeint haben sollte, dass ein Politiker, der sich seiner linken Denkweise stets so liebevoll gerühmt, ja sie mit dem denkwürdigen Ausspruch »Je älter ich werde, desto linker werde ich auch!« noch extra herausgestrichen hatte, auch in seinem äußeren Habitus seinem ideologischen Unterfutter entsprechen würde, irrte exemplarisch. Der proletarische Fetzen-Look, wie er etwa von dem deutschen Bundesaußenminister Joschka Fischer ursprünglich so demonstrativ zur Schau getragen worden war, ehe der Mann dann als Minister und veritable Exzellenz auch Lackschuhe, weißseidene Maßhemden und edle Designerkrawatten anlegte, war Kreiskys Sache schon von allem Anfang nicht. Im Gegenteil: Wenn in den Modegazetten der Welt verfügt wurde, dass der echte Gentleman in der kommenden Saison einen grünen Blazer zu tragen haben würde – dann konnte man darauf wetten, dass Bruno Kreisky als verdienstvoller Anführer der österreichischen Werktätigen schon in der noch laufenden Saison mit einem solchen grünen Zweireiher aufkreuzen würde.

Nun traf es sich, dass ich mir gar bald nach Übernahme meiner Kolumnistentätigkeit als »Staberl« in der »Kronen Zeitung« offenbar die Huld des nachmaligen Sonnenkönigs zuziehen sollte. Als Vermittler und Postillon d'Amour schickte Kreisky dabei einen gewissen Sepp Kampel vor, ein von mir sehr geschätztes Mitglied einer fröhlichen und amüsanten Runde in der in jenen Tagen weithin bekannten »Sauna im Grünen« im Wiener Prater. Mit dem Kampel-Sepp vollführte ich vor dem erlösenden Eintritt in die Saunakammer schon so manchen Waldlauf, ehe eine solche Tätigkeit dann die neudeutsche Bezeichnung »Joggen« erhalten sollte. Als Vorbereitung auf den kommenden Winter unterwies mich der Sepp, der zufälligerweise einen einzigen Tag älter war als ich, auch in der wohltätigen Fertigkeit der Skigymnastik, wozu er als gelernter Sportlehrer freilich in idealer Weise prädestiniert erschien.

Längst aber übte Kampel jetzt einen ganz anderen, man könnte auch sagen: zwei ganz andere Berufe aus. Er werkte nämlich erstens als biederer Kriminalbeamter bei der Wiener Polizei, zweitens aber war er von Kreisky, ehe dieser noch die absolute Mehrheit und das Bundeskanzleramt erworben hatte, als Tennis- und Skilehrer und dazu noch als Masseur angeheuert worden. Dass Kampel, den Kreisky mir gegenüber später stets »unseren gemeinsamen Freund« nennen sollte, dann nach und nach den Status eines intimen Kreisky-Vertrauten einnehmen sollte, war eigentlich logisch. So war er es schließlich, der jene Verbindung zwischen Kreisky und mir herstellte, die dann an die zwanzig Jahre lang währen sollte.

Hier sei mir eine kleine Zwischenbemerkung über Sepp Kampel erlaubt, die zwar mit Kreisky nichts zu tun hat, dafür aber gleichermaßen kurios wie lehrreich für gewisse Tatbestände im Lande Österreich ist. Als Kampel jenes Lebensalter erreicht hatte, das bei Vorliegen gewisser Umstände die Möglichkeit eröffnete, vom Status eines aktiv Werktätigen in die Frühpension zu verduften, entschied er sich recht spontan für die zweitgenannte Möglichkeit. Dafür war aber damals und ist bis heute der Nachweis einer körperlichen Mindest-Hinfälligkeit nötig oder, wie man es auch sagen könnte: In die Frühpension dürfte eigentlich nur entweichen, wer wenigstens so ein bisserl krank ist.

Damit haperte es freilich beim Sepp recht augenfällig. Der Mann hatte kein Gramm überflüssiges Fett am Körper, wurde von keinerlei Leiden geplagt und war, alles in allem genommen, besser durchtrainiert als so mancher prominent heimische Star-Kicker. Davon redete Kampel als bescheidener Mensch aber weiters nicht. Vielmehr schilderte er mir den Zwiespalt, vor dem er jetzt stand, viel einfacher. »Wenn ich in die Rente geh«, so informierte er mich, »dann bekomme ich nur einen Tausender weniger, als wenn ich weiterhin bei der Polizei bleibe.« Nach dieser Sachverhaltsdarstellung aber folgt die Begründung für seinen Gang in die Pension:

»I' bin do net teppert, dass ich um einen Tausender einen ganzen Monat lang hackeln geh ...«

Wie es der Sepp nun geschafft haben mochte, dem zuständigen Amt den Nachweis für die geforderten gesundheitlichen Defizite zu liefern, war für ihn kein Gesprächsstoff. Danach fragte man in Österreich als halbwegs wohl erzogener Mensch auch nicht. Und in anderen Sozialstaaten sicher auch nicht.

Fortan konnte sich Kampel jedenfalls ungeschmälert seinem Dienst bei dem längst schon zum Sonnenkönig avancierten Bruno Kreisky widmen. So habe ich ihn dann oft genug beim Skilaufen oder ähnlich gearteten Aktivitäten als jederzeit kundigen und bemühten Kreisky-Trainer angetroffen.

Bei einer dieser Gelegenheiten hat Kreisky, damals schon Bundeskanzler, sein untrügliches Gespür dafür bewiesen, wie man sich bei Bürgern und Wählern populär macht. Vor dem Skilift in Lilienfeld im niederösterreichischen Alpenvorland war es – wo einst der legendäre Skipionier Matthias Zdarsky seine ersten, aus Norwegen mitgebrachten Ski mit der für heutige Begriffe unvorstellbaren Länge von 2,60 Meter ausprobiert hatte –, als uns eine ansehnliche Warteschlange die Auffahrt auf den

Muckenkogel verwehrte. Gleich aber sprang ein Mitarbeiter der Liftgesellschaft herbei und wollte den prominenten Gast samt seinen Begleitern an den Wartenden vorbeilotsen. Nicht bei Kreisky aber! »Da werden Sie sich aber bei Ihren anderen Kunden kein Renommée machen«, wies er den eifrigen Funktionär in angemessener Lautstärke zurück. »Haben S' no nie was von der Gleichheit aller in Österreich g'hört ...?«

Jeder der an diesem Tag Wartenden wird sich den Vorfall wohl gemerkt haben. Und jeder wird ihn auch vielen Bekannten und Freunden weitererzählt haben. Die aber haben es wieder anderen berichtet. Kurzum: so macht man sich als Politiker populär.

Zurück zu Kreisky und Kampel aber. Da gab es einmal ein Geschehnis, das für den Sonnenkönig noch viel symptomatischer war als einst das demonstrative Warten inmitten der anderen vor dem Skilift auf den Muckenkogel. Ich schrieb schon seit rund zwanzig Jahren meinen Staberl in der »Krone«, da informiert mich Kampel, während wir in der »Sauna im Grünen« Seite an Seite schwitzten, über die doch unerhörte Wertschätzung, die Kreisky für mich empfinde. »Gestern nachmittag erst«, sprach Kampel, »hat der Chef gesagt, dass er in ganz Österreich weit und breit keinen solchen guten Journalisten kennt wie dich ...«

»Da könnte er aber demnächst vielleicht seine Ansicht ändern«, sagte ich: »Wenn er nämlich eine Staberl-Geschichte liest, die demnächst bald einmal erscheinen wird!«

Tatsächlich hatte ich schon vor einigen Tagen eine Kolumne geschrieben, in der Kreisy prominent vorkam; deren Erscheinen ich aber, weil ihr Inhalt nicht brennend aktuell war, immer wieder verschoben hatte. Es ging darin um die so überaus deutliche Skepsis, mit der Kreisky dem jüdischen Nationalstaat Israel stets gegenüberzustehen pflegte. Auch die deutlichen Präferenzen des österreichischen Bundeskanzlers für diverse antiisraelische arabische Würdenträger kamen in diesem Artikel vor; tatsächlich hatte Kreisky ja bei etlichen offiziellen Anlässen prominente arabische Staatsmänner nicht nur mit betonter Freundlichkeit begrüßt, sondern sogar – wie im Fall des Libyers Khadafi oder des Ägypters Sadat – in aller Form per Bruderkuss abgebusselt. Diese Geschehnisse hatte ich nun in meiner Kolumne mit einem Aphorismus in Verbindung gebracht, den der berühmte Autor und Satiriker Roda Roda, der Schwarm meiner fernen Jünglingsjahre übrigens, zu Beginn der dreißiger Jahre und vor der Machtübernahme der Nazis in Deutschland veröffentlicht hatte. Roda Roda, der als Alexander Sándor Friedrich Rosenfeld 1872 in Slawonien geboren wurde, nach Hitlers Machtübernahme emigrieren musste und 1945 in New York gestorben ist, hatte zum Stichwort »Antisemitismus« geschrieben:

»Der Antisemitismus wird erst eine Zukunft haben, wenn ein tüchtiger Jud' die Sache in die Hand nimmt.«

Dieses Zitat habe ich nun in Hinblick auf Kreiskys stets kritische Betrachtung Israels und seiner betonten

Freundlichkeit gegenüber den Arabern in einen Zusammenhang mit dem jetzigen Bundeskanzler und SPÖ-Vorsitzenden gebracht; und genau so habe ich's auch, bevor die Kolumne noch erschienen ist, dem gemeinsamen Freund Sepp Kampel erzählt.

Der nun hatte, leicht vorauszusehen, nichts Eiligeres zu tun, als seinem Chef die Sache brühwarm zu erzählen. Mit erstaunlichen Folgen, wie ich bald sehen sollte. Auf der Stelle rief mich nämlich Kreisky zur nachtschlafenen Zeit von Freitag sieben Uhr früh in meinem kleinen Haus in Niederösterreich an, um mich von der Veröffentlichung meiner Kolumne über Kreisky und den Roda-Roda-Aphorismus abzuhalten. Es wäre aber nicht der stets so schlaue Taktiker Kreisky gewesen, wenn er hier gleich mit der Tür ins Haus gefallen wäre. Vielmehr schlug er einen ganz unverbindlichen Plauderton an, wobei er sich nur über Umwege an den ihm von unserem »gemeinsamen Freund Kampel« übermittelten Sachverhalt heranpirschte. Dann aber, plötzlich ganz ernst werdend, sprach Kreisky: »Da liegen Sie aber ganz falsch! Wir kennen einander doch schon so lang. Wie können Sie dann meinen, ich sei ein Anitsemit?« Dann aber gar – und mit dreimaliger Wiederholung:

»Glauben Sie mir: Ich bin kein Antisemit!«

Die Sache hatte aber noch eine weitere Pointe, die den gewiegten Taktiker Kreisky von seiner schillerndsten Seite zeigte. Plötzlich wieder in den heiteren Plauderton zurückfallend, meinte er, dass wir uns über den auch von ihm außerordentlich geschätzten Roda Roda einmal unterhalten sollten. Wann, so fragte er mich, würde ich denn wieder nach Wien zurückkommen? Übermorgen, antwortete ich wahrheitsgemäß, am Sonntagabend.

»No, da kommen S' doch gleich am Montag zur Jause bei mir vorbei«, schlug Kreisky vor. »Meine böhmische Köchin hat wieder so einen guten Kirschenstrudel gemacht, den haben Sie doch immer so gern gehabt!«

Da nun eine Einladung vonseiten des Sonnenkönigs praktisch stets eine Aufforderung bedeutete, sagte ich zu: Montag um fünf Uhr nachmittag würde ich in der Armbrustergasse erscheinen.

Ich legte aber noch Ende unseres Gespräches den Hörer erst gar nicht auf, sondern rief gleich die »Kronen Zeitung« an: Die Kolumne über Kreisky und das Roda-Roda-Zitat möge zum frühestmöglichen Zeitpunkt, also in der Montagausgabe, erscheinen.

Als ich also um fünf Uhr in der Kreisky-Villa erschien, hatte der Meister den heutigen »Staberl« natürlich längst gelesen. Das Malheur war also nicht zu verhindern gewesen. Passiert war passiert. Weitere Erörterungen des Themas waren also nicht mehr von Nutzen.

Wir aßen den Kirschstrudel, tranken Kaffee und sprachen über dies und das. Der Roda-Roda-Aphorismus kam aber mit keinem Wort mehr zur Sprache. Auch war Kreisky, der Sonnenkönig und Journalisten-Kanzler, zu mir freundlich wie eh und je.

An jenem Nachmittag fiel bei Kaffee und Kirschenstrudel übrigens auch einmal das Stichwort »Parteizeitungen«. Ich meinte hier, und dies meine ich auch heute noch, dass Parteizeitungen bei uns und anderswo aus einer ganzen Reihe von Gründen zum Untergang verurteilt seien; wie zum Beispiel auch, auf Österreich bezogen, das – damals noch existierende – sozialistische »Zentralorgan« AZ, voller Wortlaut: »Arbeiter-Zeitung«. Unzählige Male hatte diese Zeitung, von mir stets als »Jubelblattl AZ« tituliert, heftige Anti-Staberl-Attacken geritten, ohne Erfolg freilich: Wenn eine Zeitung keine Leser hat, dann hat sie auch keine Wirkung.

Nach der nicht sehr gewagten Prognose, dass auch das Zentralorgan seiner Partei gar bald als Leiche den großen österreichischen Zeitungs-Fluss hinabschwimmen werde, zählte ich Kreisky dann alle roten und halbroten Blätter auf, die längst schon das Zeitliche gesegnet hatten; bei zwei von ihnen, »Weltpresse« und »Welt am Montag«, war ich ja selbst einmal engagiert gewesen und hatte daher auch erfahren können, wie man Zeitungen nicht machen darf.

Angesichts der von mir aus dem Stegreif aufgezählten Liste lehnte sich der Sonnenkönig Kreisky zurück, um dann mit einem – wie mir schien – eher sonnigen Lächeln festzustellen:

»Also, wenn man's genau nimmt: wir haben eigentlich schon viele Zeitungen zugrunde gerichtet ...«

Frau Vera in meinem Bett

Weit weniger Kontakt als zu Bruno Kreisky, den ich in allen Lebenslagen als stets interessanten, gebildeten, witzigen und amüsanten Menschen kennen gelernt hatte, war mit Frau Vera herzustellen, seiner aus Schweden stammenden Ehefrau. Sie pflegte wenig bis gar nichts zu reden; noch schlimmer aber, dass sie allem, was man ihr auch sagen mochte, sichtlich und merkbar keinerlei Interesse entgegenbrachte. Da aber ein Unglück ebensowenig daherzukommen pflegt wie ein einzelner Plattfuß, war Frau Kreisky, sehr im Gegensatz zu ihrem Mann, eine starke Raucherin; dies noch dazu von jener Sorte, die auf Nichtraucher keinerlei Rücksicht nimmt. Ich hingegen habe, wie mir meine Mutter oft berichtet hat, sogar schon als Säugling eine panische Abneigung gegen Zigarettenrauch entwickelt: Wann immer irgend jemand rauchend zur Tür hereinkam, begann ich auch schon zu brüllen. Es dauerte eine ganze Weile, bis meine nicht rauchenden Eltern den Zusammenhang zwischen Zigarettenrauch und meinem stets intensiven Gebrüll heraus bekamen.

Meine Animosität gegen das Rauchen ist durch wahrhaft grausige Eindrücke in der Zeit meiner Kriegsgefangenschaft in Russland noch erheblich verstärkt worden. Ich habe in dieser trüben Zeit nicht vielleicht einmal, sondern Dutzende Male mit ansehen müssen, wie Menschen, die ohnehin schon knapp vor dem Verhungern waren, ihr letztes Stück Brot gegen Tabak eingetauscht haben – und nicht selten genug ein paar Tage später tatsächlich verhungert waren.

Zurück zu Frau Vera Kreisky also, der Raucherin. Hier hat das österreichische Nachrichtenmagazin oder, je nachdem, das Meinungsmagazin »Profil« einmal die Kunde verbreitet, dass ich bei einem Besuch des Ehepaares Kreisky in meiner Wiener Wohnung Frau Vera ultimativ vor die Wahl gestellt habe, entweder nichtrauchend im Zimmer zu verbleiben oder aber zum Rauchen – bei einer Temperatur um den Nullpunkt – auf die Terrasse hinauszugehen. Die Sache war sehr anschaulich geschildert worden und sollte wohl im Kreis angemessen empörter rauchender Leser den Eindruck entstehen lassen, welch ungehobelter und fanatischer Kerl »Staberl« doch sei.

Schon unter den alten Griechen, zumindest unter jenen von ihnen, die beizeiten in den Berlitz Schools von Athen oder Sparta einen Italienisch-Kurs belegt haben, soll aber eine Redewendung umgegangen sein, die über Antike, Mittelalter und Neuzeit hinweg bis heute immer wieder gilt: »Se non è vero è ben trovato«. Wenn's nicht wahr ist, dann zumindest gut erfunden.

So war denn auch diesmal nicht wahr, was im »Profil« gestanden ist. Wahr war vielmehr, dass mir Frau Vera meine Wohnung nachhaltig verqualmt hat. Auf drei bis fünf Wochen hinaus, wenn ich mich recht erinnere.

Frau Vera Kreisky bescherte mir aber auch noch ein anderes, desgleichen ziemlich unvergessliches Erlebnis. Im Sommer war es diesmal, als ich das Ehepaar Kreisky sowie unseren gemeinsamen Freund Kampel in mein kleines Landhaus – die beengten Ausmaße des Gebäudes spielen diesmal eine erhebliche Rolle – eingeladen habe. Geplant war dabei ein Mittagessen vom Grill im Garten. Doch das pure Unglück ereilte mich gleich zwei Mal. Erstens einmal schüttete es an jenem Samstag von der Früh an in Strömen, von einem Aufenthalt im Freien konnte daher keine Rede sein. Noch schlimmer womöglich aber ein knapp vor zwölf Uhr daherkommender Telefonanruf Kreiskys. Es hätte sich, so berichtete er mir in aller Unschuld, so ergeben, dass er gerade nicht nur mit seiner Frau, seinem Chauffeur und dem gemeinsamen Freund Kampel, sondern auch, in einem zweiten Auto, mit seiner Tochter Susi, deren kleinem Sohn Oliver, sowie seiner Sekretärin Schmied unterwegs sei. Und ob es mir was ausmache, wenn er die alle mitbrächte?

O weh! Wie sollte ich so viele Leute in dem winzigen Haus unterbringen? Und wie sollte ich an jenem Samstag, da zu jener Zeit die Geschäfte schon zu Mittag geschlossen hatten, für so viele Leute genügend Nahrung herbeischaffen?

Irgendwie gelang aber alles, mühselig zwar, aber doch. Brot, Wurst, Selchfleisch und Most besorgte ich mir beim unfernen Bauern, zusätzliche Sitzgelegenheiten bei einem anderen Nachbarn. Den vielen Gästen muss es zwar eng wie in einer Sardinenbüchse vorgekommen sein, doch dann hatten wir, wie es oft nach Überwindung großer Schwierigkeiten der Fall ist, doch unseren Spaß; vor allem auch deswegen, weil am Ende in unerwarteter Weise niemand hungern oder dursten musste.

Frau Vera freilich schien an jenem Nachmittag wenig Amüsantes gefunden zu haben. Sie verharrte schweigsam bis mürrisch und sprach bis zu jenem Augenblick kaum ein Wort, da sie mich nach dem Weg zur Toilette fragte. Ich wies ihr den Weg, musste aber dann feststellen, dass Frau Kreisky einfach nicht mehr zurückkam. Die Toilette war leer, auch war weder in der Küche noch in einem kleinem Gästezimmer eine Spur von Frau Vera zu finden. Draußen im Garten konnte sie bei nach wie vor strömendem Regen auch nicht sein. Nur in einer Art von Reflex sah ich auch im Schlafzimmer nach. Da lag nun Frau Vera voll angekleidet im Bett und schlief den Schlaf einer Gerechten umso nachhaltiger, als sie die Gespräche nebenan im Wohnzimmer ohnehin nicht im Geringsten interessierten.

So geriet die Ehefrau des Bundeskanzlers und Sonnenkönigs in Staberls Bett. Wer weiß, was das Nachrichtenmagazin »Profil«, hätte es von der Sache Wind bekommen, für eine Story daraus gemacht hätte!

Am Ende vor Gericht

Indessen waren die Tage, in denen sich Staberl der Huld des Sonnenkönigs erfreuen durfte, bald gezählt. Im gleichen Maß, da die Jahre ins Land gingen, wurde, auch von vielen anderen Zeitgenossen mit Unverständnis registriert, der vordem so frohe und amüsante Sonnenkönig der Republik Österreich von einem unübersehbaren Altersstarrsinn erfasst. Oder, wie es im Wiener Jargon heißt: Kreisky grantelte in stets zunehmendem Maß. Kleine Widrigkeiten des Lebens, die er früher mit unerschütterlicher Nonchalance übergangen hatte, machten ihn jetzt gereizt und unduldsam. Kritische Anmerkungen in den Zeitungen erregten plötzlich Kreiskys blanken Zorn; vorbei die Zeit, da er über dergleichen souverän hinweggesehen hätte.

Ich habe damals nicht anders über Kreisky geschrieben als all die Jahre zuvor, oft positiv, zuweilen auch abschätzig. Doch die Liberalität, mit der er einst das eine wie das andere hingenommen hatte, war nun dahin. Jetzt betrachtet er jeden positiven Kommentar als eine Selbstverständlichkeit, jede Kritik aber als Frechheit, um nicht zu sagen: als eine Majestätsbeleidigung. Und immer öfter musste mich der gemeinsame Freund Sepp Kampel darüber informieren, mit welcher Ungnade der Chef die jüngste Staberl-Kolumne quittiert habe.

Zum Schluss hat gegen mich der immer starrsinniger werdende Kreisky, aufgestachelt wohl von seinem jederzeit stramm linksaußen marschierenden Advokaten Heinrich Keller, einem alten Staberl-Intimfeind, sogar zweimal geklagt; wobei mir aber seither ganz entfallen ist, was mir da eigentlich vorgeworfen worden ist. Auch habe ich nie erfahren, ob ich verurteilt oder eventuell freigesprochen worden bin. Mit Kreiskys Tod sind nämlich, eventuell darf man hier von einer Spezialität der österreichischen Rechtssprechung reden, die zwei Klagebegehren, die der einstige Journalistenkanzler Kreisky bei Lebzeiten gegen den Journalisten Staberl vor Gericht eingebracht hatte, einfach entschlafen, im hiesigen Sprachgebrauch könnte man auch sagen: Kreiskys Klagen gegen Staberl, nie behandelt, aber auch nie eingestellt, sind still versandelt.

Waldheim

Er war in Österreich ein »Fall«, wie er vordem in der kleinen Alpenrepublik nie zuvor registriert worden war. Kurt Waldheim, zuvor zwei Amtsperioden lang wohl geachteter Generalsekretär der Vereinten Nationen und nunmehriger Präsidentschaftskandidat von Österreich, ist Zielscheibe der wohl niederträchtigsten Kampagne geworden, die in der an niederträchtigen Kampagnen keineswegs armen Geschichte der Zweiten Republik je über die Bühnen gegangen sind.

Ich bin über den bevorstehenden Feldzug schon informiert worden, ehe er noch von eifrigen Mitstreitern in Österreich begonnen und dann nach einem genau ausgeklügelten Plan unverzüglich ins Ausland getragen worden ist, wo er dann – von den einheimischen Initiatoren wohl gar nicht geplant – zum Anlass genommen worden ist, um Österreich, bekanntlich Geburtsland eines gewissen Adolf Hitler, auch jetzt noch als Nest und Schlupfwinkel alter und neuer Nazis niederzumachen. Ich bekam da nämlich einen Anruf des mir seit langem bekannten und als Schauspieler und Kabarettist auch außerordentlich geschätzten Fritz Muliar. Ich möge, so beschwor mich Muliar, der seit Jahr und Tag schon als überzeugter Exponent der linken Reichshälfte von Österreich agiert hatte, meinen Einfluss bei der Kronen Zeitung doch in deren eigenem Interesse dahingehend geltend machen, dass unsere Zeitung keineswegs für den ÖVP-Präsidentschaftskandidaten Waldheim eintreten würde. »Denn«, so fügte Muliar geheimnisvoll hinzu, »wir haben gegen Waldheim Material in der Hand, das in der ganzen Welt zu einem Aufruhr führen wird ...!«

Ich habe damals Fritz Muliar wahrheitsgemäß versichert, dass ich bei der »Kronen-Zeitung« weder über einen Einfluss verfüge noch mir einen solchen je gewünscht hätte. Immerhin versprach ich ihm, den Herausgeber der »Krone« über seine Warnung zu informieren. Genau das habe ich damals auch getan, ohne dass dies zu irgendwelchen Folgen geführt hätte. Zweierlei war ja damals uns in der »Krone« und wohl auch vielen unserer Landsleute klar gewesen. Erstens, dass Fritz Muliar, der eine Zeitlang auch als Kolumnist des bald darauf recht schmählich eingegangenen sozialistischen Zentralorgans »Arbeiter-Zeitung« gewerkt hatte, stets als unentwegter SPÖ-Fan an vorderster Front gefochten hatte. Zweitens aber, und das noch viel wichtiger: dass die Sozialdemokratische, damals noch Sozialistische Partei es längst als unanfechtbares historisches Recht ansah, unter allen Umständen stets den Bundespräsidenten von Österreich zu stellen. Tatsächlich hatte es ja bis dahin in der Geschichte der Zweiten Republik immer nur sozialistische Präsidenten gegeben.

Gegen einen dieser Bundespräsidenten, nämlich Franz Jonas, war Waldheim übrigens schon etliche Jahre zuvor als Kandidat angetreten, freilich ganz erfolglos, wie leicht vorhersehbar gewesen war. Jonas, ein gelernter Schriftsetzer, konnte ja seinen Wahlkampf von der Warte des bereits amtierenden Präsidenten führen. Da Jonas nun, auch von seinen politischen Gegnern neidlos anerkannt, sein Amt jederzeit in zufrieden stellender, wenngleich zumeist recht trockener Art ausgeübt hatte, haben weder rote noch schwarze Wähler – andere politische Schattierungen sind damals nur in Spuren feststellbar gewesen – eine ernsthafte Veranlassung gesehen, den bisherigen Präsidenten abzuwählen. Da dies alles leicht vorauszusagen war, hatten die sozialistischen Wahlkämpfer auch keinerlei Notwendigkeit gesehen, jenes »Material« auszupacken, das dann beim zweiten Antreten Kurt Waldheims als Präsidentschaftskandidat so massiv, aber jedweder rationalen Grundlage entbehrend eingesetzt werden sollte.

Von welcher Beschaffenheit war nun dieses gegen den Kandidaten Waldheim eingesetzte und von dem Schauspieler Fritz Muliar mir so dumpf angedeutete Material? Arg genug! Ein verbissener alter Nazi und SA-Mann soll dieser Waldheim schon vor dem Krieg gewesen sein. Bei einem SA-Reitsportverein soll er geritten und getrabt, wenn nicht gar in gestreckten Galopp über Stock und Stein dahingeteufelt sein; und dies gewiss stets in unwandelbarer Zuversicht auf den Zweiten Weltkrieg, der mit dem glorreichen Endsieg Hitlers enden und den endgültigen Beginn des Tausendjährigen Reiches inklusive immerwährender Vorherrschaft der germanischen Herrenrasse über den verbleibenden Rest sonstiger minderwertiger Untermenschen markieren würde.

Doch die allerärgste der gegen Waldheim vorgebrachten Beschuldigungen sollte ja erst kommen. Im Zweiten Weltkrieg dann, so wurde gleichermaßen genüsslich wie eifervoll ausposaunt, sei Waldheim doch als Oberleutnant der deutschen Wehrmacht im griechischen Saloniki stationiert gewesen. Just zu dieser Zeit aber hätte es doch in dieser Stadt Judenverschickungen gegeben. Da weiß man doch schon alles, oder vielleicht nicht? »Nachtigall, ick hör' dir trapsen!«, hätte ein bodenständiger Berliner – ohne dass man weiß, wie er tatsächlich über die Sache denkt – sagen können. Und auf Seiten der österreichischen Anti-Waldheim-Kämpfer hätte wohl nicht mehr viel gefehlt, um zu enthüllen, dass doch eigentlich der alte Nazi und jetzige Oberleutnant Waldheim seinem Führer Adolf Hitler erst den ganzen Balkan-Feldzug eingeredet habe. Wir werden im Zug der noch folgenden Charakterisierung des Menschen Kurt Waldheims darauf kurz zurückkommen.

Als Autor der »Staberl«-Kolumne habe ich mich in diesem »Fall Waldheim« stets außerordentlich leicht getan. Obwohl ich im Zug des Präsidentschaftswahlkampfes massiv für den Kandidaten Waldheim eingetreten bin, konnte mir niemand vorwerfen, von Haus aus Waldheims Fürsprecher gewesen zu sein. Im Gegenteil: Während der zwei Amtsperioden des späteren österreichischen Präsidenten Waldheim als UN-Generalsekretär habe ich immer wieder gegen die Amtsführung des Österreichers bei der UNO Stellung genommen. Immerhin elf Mal im Verlauf dieser Jahre habe ich den UN-Generalsekretär wegen seiner in meinen Augen über Gebühr sowjet- und araberfreundlichen Haltung scharf angegriffen; wie ich ja überhaupt an der ganzen UNO, die ich vorzugsweise als »angeblich vereinte Nationen« bezeichnet habe, kaum jemals ein gutes Haar gelassen habe. Ich habe seither wenig Veranlassung gefunden, diese Haltung gegenüber einer Weltorganisation, die auch nicht mehr taugt als der ihr vorangegangene Genfer Völkerbund, einer wohlwollenden Revision zu unterziehen.

Als ich einmal als Argument für die Machtlosigkeit der UNO vorgebracht habe, dass es seit der Gründung dieser Organisation auf der Welt bereits gegen 200 Kriege und sonstige »bewaffnete Konflikte« – wie das korrekte Vokabel für solche Fälle stets zu lauten pflegt – abgesetzt habe, erhielt ich einen telefonischen Anruf des UN-Generalsekretärs. Waldheim teilte mir mit, dass er jetzt auf Urlaub nach Österreich kommen werde, und schlug mir ein Treffen auf heimischem Boden vor. Die Zusammenkunft fand dann tatsächlich im Wiener Hotel »Imperial« statt, wo wir im Verlauf eines freundlichen Gesprächs auch auf meine Angabe zu sprechen kamen, dass es auf der Welt trotz UNO bereits rund 200 Kriege gegeben habe. »Das mag schon stimmen«, gab Waldheim zu. »Aber haben Sie schon bedacht, um wieviel mehr Kriege es erst gegeben hätte, wenn es keine UNO gegeben hätte …?«

Jäh fiel mir da ein, dass Waldheim ja ein gelernter Diplomat war, in welcher Eigenschaft er sich etwa als österreichischer Botschafter in Prag während der misslichen Ereignisse rund um den »Prager Frühling« auch stets sehr diplomatisch aus der Affäre gezogen hatte. Die jetzt vom amtierenden UN-Generalsekretär angewendete Zählmethode der Kriege und sonstiger Metzeleien seit der Gründung der Vereinten Nationen ist dann Jahre später in abgewandelter Form auch von Bruno Kreisky angewendet worden, der ja im früheren Berufsleben ebenfalls einmal Diplomat und hoher Beamter gewesen war. Als da einmal gegen das von Kreisky heftig protegierte Projekt des Konferenzzentrums neben dem Wiener UNO-Sitz ein Volksbegehren in die Wege geleitet wurde, das dann die bei solchen Anlässen nie wieder erreichte Zahl von fast 1,4 Millionen Unterschriften einbrachte, wiegte der Sonnenkönig bedachtsam den Kopf, um dann seinen Untertanen die folgende Rechnung zu präsentieren: »Alsdann, es haben also mehr als 1,3 Millionen gegen das Konferenzzentrum unterschrieben. Wahlberechtigt wären aber mehr als doppelt so viele gewesen. No ja – dann sind also mehr als zweieinhalb Millionen österreichischer Wähler für den Bau des Konferenzzentrums …!«

Unverrückbar fest steht seither Bruno Kreiskys Konferenzzentrum auf dem Areal des Wiener Bezirksteils Kaisermühlen. Inoffiziell ist es vom Wiener Volksmund längst auf den einprägsamen Namen »Bruneum« getauft worden.

Zurück zu Kurt Waldheim aber, der während seiner New Yorker Amtstätigkeit von Staberl wahrhaftig nicht übermäßig freundlich behandelt worden war. Dann aber, als Waldheim längst aus Amerika nach Österreich zurückgekehrt war und sich dort anschickte, für das Amt des Bundespräsidenten zu kandidieren, konnte ich meinen Ohren kaum trauen, als ich von den linken Bastionen aus, die heroisch für einen weiteren sozialistischen Präsidenten kämpften – es sollte dies der Wiener Arzt Dr. Kurt Steyrer sein – vernahm, welch arger Nazi doch dieser Kandidat Waldheim stets gewesen sei. Waldheim – ein Nazi? Über eine solche Annahme konnte ich, der ich die Vorkriegsjahre bereits bewusst miterlebt hatte, nur lachen. Wie die Nazis von damals beschaffen gewesen sind, weiß ich aus eigener Erfahrung. Nicht so jedenfalls wie der beim Einmarsch Hitlers kaum zwanzigjährige Waldheim! Und um nochmals auf Bruno Kreisky zurückzukommen: Wenn jemals in Österreich tatsächlich alte Nazis zu Amt und Würden gekommen sind, dann ist dies allenfalls in den frühen Regierungsmannschaften Kreiskys der Fall gewesen. Hier hatte der Sonnenkönig von Österreich insgeheim wohl ein altes, seinerzeit schon von dem christlichsozialen Bürgermeister Karl Lueger ersonnenes Rezept parat. »Wer ein Jud' ist, bestimm' i!«, pflegte der auf dem Wiener Bürgermeisterstuhl sitzende »schöne Karl« stets zu sagen; und ließ sich, Antisemitismus hin, Antisemitismus her, keineswegs davon abhalten, in jüdischen Häusern zu verkehren oder jüdische Gäste in seinem Haus zu empfangen.

Bruno Kreiskys kongenial von Lueger abgekupfertes Rezept aber, wenngleich nicht öffentlich kundgetan, lautete sehr ähnlich: »Wer ein Nazi is, bestimm' i ...!«

»Vom Erhabenen zum Lächerlichen«, so soll Napoleon auf der Flucht aus Russland im Dezemer 1812 in selbstkritischer Rückschau auf seine Laufbahn gesagt haben, »ist nur ein Schritt«.

Überhaupt nichts Erhabenes hatte Anno 1986 der Feldzug der linken Streiter für einen weiteren sozialistischen Bundespräsidenten an sich; er musste sich vielmehr mit der bloßen Lächerlichkeit begnügen. Aus dem angeblich fortschrittlichen Lager besehen macht man heutzutage freilich mit Leichtigkeit an allen Ecken und Enden die neu ernannten Nazis aus. Wenn man da zum Beispiel den Nazismus Waldheims an der Tatsache festmachen wollte, dass dieser Mann doch nachweislich bei einem Reiterverein der SA mitgeritten sei, dann übersieht man geflissentlich, dass einem jungen Menschen in jenen Jahren der Weg zu irgendeiner sportlichen Betätigung nur dort frei stand, wo Hitlers Helfershelfer zuvor in unwandelbarer Nibelungentreue den Boden vorbereitet hatten. Die Nazis hatten ja längst erkannt, welch gewaltige Beeinflussungsmöglichkeiten ihrem Regime auf dem Umweg über den Sport offen standen. Nicht von ungefähr sind ja auch etwa die Olympischen Spiele des Jahres 1936 in Berlin praktisch zu einer Nazistischen Parteiveranstaltung umfunktioniert worden.

Wie groß in jenen Jahren die Gefahr war, als Sportler von den Nazis vereinnahmt zu werden, habe ich damals selbst einmal erkennen müssen. Zur gleichen Zeit nämlich, da der junge Kurt Waldheim geritten ist, bin ich gelaufen und gesprungen. Beim Wiener Athletik-Sportclub WAC war ich in der Jugendabteilung ein freilich nur durchschnittlich erfolgreicher Kurzstreckenläufer und Hochspringer; wobei bezüglich der letztgenannten Aktivität anzumerken wäre, dass man heutzutage jeden Aspiranten von nur 1,78 Meter Körpergröße als Zwerg bezeichnen und daher abweisen würde. Doch immerhin bin ich dann, als ich 1939 beim deutschen Reichsarbeitsdienst unseligen Andenkens am schönen Traunsee zu werken hatte, oberösterreichischer Meister, pardon aber: Meister von Oberdonau im Hochspringen geworden. Die von mir erzielte Höhe verschweige ich diskret, in eher freudiger Erinnerung hingegen bekenne ich, dass ich für die restlichen Monate meiner Dienstzeit in ein Sportlager versetzt worden bin, wo ich der eher lästigen Verpflichtung, in Altmünster am Traunsee Entwässerungsröhren einzugraben, enthoben war.

In unserem Sportverein WAC aber hat es damals, wie auch sonst in Österreich, Nazis und Antinazis gegeben. Es war ja nicht so, dass angesichts des Einmarsches Hitlers in Österreich alle Österreicher nur gejubelt haben. Die Jubelnden vom Heldenplatz sieht man heute noch in den Fernsehdokumentationen. Die vielen anderen, die zu Hause den Untergang ihres Vaterlandes betrauert haben, können naturgemäß nicht über die Schirme flimmern. Auch in meiner Maturaklasse am Realgymnasium in der Gottschalkgasse im elften Wiener Gemeindebezirk Simmering – Achtung: nicht nach dem prominenten deutschen Fernseh-Schmähführer Thomas Gottschalk benannt! – waren die Nazis unter meinen Klassengenossen äußerstenfalls gerade gleich zahlreich wie die Gegner des neuen Regimes.

Die Nazis im WAC aber haben nun im Überschwang des so lang ersehnten Erscheinens ihres Messias Adolf Hitler bei einer Sektionsversammlung den Antrag gestellt, dass sich alle männlichen Mitglieder des Vereins als Geste der Solidarität zur Nazipartei wenigstens symbolisch als Angehörige der SA deklarieren – »outen« hieße das heutzutage auf Neudeutsch – mögen. Zu diesem Behuf ließen sie auch gleich eine Liste kursieren, auf der sich jeder Anwesende per Unterschrift verewigen sollte. Mir war die Sache rechtschaffen zuwider – doch was hätte ich tun sollen? In der damaligen Zeit und unter den damaligen Umständen hätte ich denjenigen sehen mögen, der unter Berufung auf seine prinzipielle Gegnerschaft zum neuen Regime seine Unterschrift verweigert hätte!

Schon wollte ich also unterschreiben, da fiel mir zum Glück eine seltsame Regelung ein, die von den neuen Machthabern schon lang vor ihrem Einmarsch in Österreich getroffen worden war. Für die Dauer des Dienstes in der Wehrmacht, so hieß es damals, ruhen alle Mitgliedschaften bei der NSDAP oder ihren Gliederungen. Ich hatte nun damals bereits meinen Einberufungsbefehl zum Arbeitsdienst RAD in der Tasche. Was für die Wehrmacht gilt, so argumentierte ich, muss doch auch für den Arbeitsdienst gelten. So brachte ich es denn zustande, nicht zu unterschreiben, ohne deswegen mein vorzeitiges Lebensende auf dem Schafott zu riskieren.

Dem nachträglich legendär gewordenen oberösterreichischen Bauer und Mesner Franz Jägerstätter, der aus religiöser Überzeugung den Weg zum Schafott tatsächlich dem Dienst in der deutschen Wehrmacht vorzog, muss auch dann höchste menschliche Achtung gezollt werden, wenn seine Haltung letztlich niemandem genützt hat. Aber auch der Wunsch, die sich anbahnende Misere nach Möglichkeit zu überleben, muss als gerechtfertigt anerkannt werden. Überhaupt im Alter von neunzehn Jahren, da das Leben doch noch gar nicht so richtig begonnen hat!

Da entsinne ich mich auch einer jungen Dame von unverkennbarer linksfortschrittlicher Gesinnung, neben der ich einmal bei einem privaten Anlass zu sitzen kam. »Wenn Sie immer von Ihrer Gegnerschaft zu den Nazis schreiben«, so teilte sie mir mit, »dann nehme ich Ihnen das niemals ab!«

»Wie schade«, sagte ich.

»Mit mir haben Sie Pech«, fuhr die junge Dame fort. »Ich habe im Zug meiner zeitgeschichtlichen Studien nämlich auch mitbekommen, wie die Uniformen der Naziarmee ausgesehen haben.«

»Wie interessant«, pflichtete ich bei. »Na und?«

»Sie haben«, sprach die Dame streng, »eine Uniformbluse bekommen, auf deren rechten Seite der deutsche Adler mit dem Hakenkreuz zu sehen war. Warum aber« – und hier steigerte sich die Missbilligung der jungen Dame zur blanken Aggressivität – »warum haben Sie den Empfang einer solchen Uniformbluse nicht abgelehnt?«

»Eine klare Frage«, räumte ich ein, »verdient allemal eine klare Antwort: Weil ich mir nicht den Kopf abhacken lassen wollte!«

»Ach erzählen Sie mir doch nichts! Wenn keiner die Uniform angezogen hätte, dann hätten sie doch nicht jedem den Kopf abhacken können.« Das alte Lied: Stellt euch vor, es ist Krieg, und keiner geht hin! Die Waffen nieder! Friede auf Erden! Tod den Faschisten! Und so weiter und so fort.

Zurück zu Kurt Waldheim aber. Der war mit Sicherheit kein Nazi. Der wollte überleben wie auch ich. Einziger Unterschied: er war als Oberleutnant in der blutigen Nazi-Maschinerie ein unbedeutendes Rädchen – ich war als Obergefreiter überhaupt ein Nichts.

Eine abschließende Bemerkung noch zu dem Menschen Kurt Waldheim. Der gilt ja weithin als eher humorloser, jedenfalls aber trockener Zeitgenosse. Ein solches Urteil kann aber nur fällen, wer Waldheim nicht näher kennt. Ich bin nun erst nach seiner Wahl zum Bundespräsidenten mit ihm in engeren Kontakt gekommen. Da hat er sich wiederholt bei mir für die Unterstützung bedankt, die er von mir im Wahlkampf bekommen hat. Ich glaube aber nicht, dass er auf meine Unterstützung angewiesen gewesen wäre. Er wäre auch ohne

Staberls Hilfe gewählt worden – dafür haben schon seine Widersacher gesorgt: jede ihrer Attacken hat den Präsidentschaftskandidaten Waldheim nur noch populärer gemacht.

Humorlos schließlich? Auch das kann man Kurt Waldheim nicht nachsagen. Da saßen wir einmal beim Mittagessen zusammen und sprachen über dies und das, zum Beispiel auch, dass Waldheim immer noch auf der Watch List der USA steht und demnach nicht nach Amerika einreisen darf. Diese Ungerechtigkeit hat ihn sichtlich getroffen. »Wenn ich imstande gewesen wäre, Raketen zu bauen«, so sinnierte er, »dann wäre ich jederzeit willkommen gewesen. Dann hätte ich auch ein Nazi wie der Wernher von Braun sein können …«

»Da können Sie mir aber auch sagen«, nahm ich den leichten Plauderton unseres Gesprächs auf, »wie das war, als Sie dem Hitler den Balkanfeldzug anbefohlen haben. Nur so unter uns, ich sag's bestimmt nicht weiter.«

»Ach ja, das war ein hartes Stück Arbeit. Der Kerl wollte ja ursprünglich nicht. Erst als ich mit meinem Rücktritt gedroht habe, ist er weich geworden. Und dann haben wir die Bescherung gehabt …!«

Da fällt mir jetzt plötzlich ein, was ich zu tun gehabt hätte, um nicht die Uniformbluse mit dem deutschen Pleitegeier samt Hakenkreuz anziehen zu müssen! Eine aufrechte antifaschistische Gesinnung hätte mich zur Abfassung des folgenden Briefes veranlassen müssen:

»An Herrn Adolf Hitler, Führer, Reichskanzler und Oberbefehlshaber der Deutschen Wehrmacht! Ich teile Ihnen hiermit mit, dass meinerseits für die mir von Ihnen gelieferte Uniformbluse schon deswegen keinerlei Bedarf besteht, weil auf ihr das Hakenkreuz abgebildet ist. Auch die mir mitgelieferte Hose entspricht in keiner Weise den Anforderungen, die ich an ein ordentliches Kleidungsstück stelle. Schon gar nicht kann ich die meinem Geschmack keineswegs treffenden Stiefel brauchen, vom Karabiner 98, den Sie mir ebenfalls mitgeliefert haben, ganz zu schweigen; habe ich doch keinerlei Absicht, je in meinem Leben auf irgendjemanden zu schießen. Ich kündige daher mit heutigem Tag mein Dienstverhältnis mit Ihrer deutschen Wehrmacht auf, erlaube mir, die erwähnten Artikel zugleich mit diversen anderen, hier nicht ausdrücklich genannten Gegenständen – Tornister, Essgeschirr oder Fußlappen zum Beispiel – zurückzuschicken und erbitte mir Ihre Bestätigung über deren ordnungsgemäßen Empfang. Mit der Bitte, mir meine ehrlich gemeinten Worte nicht weiter nachzutragen, verbleibe ich mit angemessener Hochachtung als Ihr

Richard Nimmerrichter
ehem. Funker der Wehrmacht!«

Reuig habe ich heute zu bekennen, dass ich mit einem solchen Brief sowie der postalischen Rücksendung meiner Ausrüstungsgegenstände und Waffen doch gewiss den Zweiten Weltkrieg verhindert hätte. Einzige kleine

Voraussetzung: dass zur gleichen Zeit ein paar Millionen von weiteren Rekruten spontan gleichlautende Briefe geschrieben und Pakete mit gleichem Inhalt abgeschickt hätten, Adresse: »Adolf Hitler, Berlin, Reichskanzlei.«

Ganz zum Schluss aber nun eine diesmal ganz ernstgemeinte Frage, nämlich: Wie hätte man Hitler und sein Regime nun tatsächlich verhindern können? Die Antwort fällt vielleicht leichter, als man je glauben könnte: Man hätte nur den Menschen rechtzeitig genug zu essen geben müssen!

Es ist ja noch nie und nirgends im Verlauf unserer neueren Geschichte ein Tyrann und Diktator vom Zuschnitt des Adolf Hitler an die Macht gekommen, ohne dass zuvor Massenelend und Massenarbeitslosigkeit den Boden vorbereitet hätten. Ohne katastrophale wirtschaftliche Zwänge wären kein Hitler, kein Stalin, kein Mussolini, kein Franco je erfolgreich geblieben. Auch die Diktatoren zweiter Wahl, Horthy in Ungarn oder Pilsudski in Polen etwa, hätten keine Chance gehabt. Nicht einmal vergleichsweise ungefährliche Erlöser und Volkstribunen vom Zuschnitt der Dollfuss in Österreich oder Salazar in Portugal wären ans Ruder geraten.

Ge- und Bedenktage sind daher entbehrlich. Der Schlachtruf »Wehret den Anfängen!« nützt überhaupt nichts. Die unentwegte Erinnerung an den Holocaust, vorgetragen in politischer Korrektheit von den Zeitungen und Fernsehanstalten der Welt, wirkt eher kontraproduktiv. Zielführend wäre es einzig und allein, den Menschen ein zumindest halbwegs erträgliches Leben zu bieten. Wer genug zu essen hat, wer sich ordentlich anziehen und wer zu all dem auch noch angemessen menschlich wohnen kann, wird nicht so leicht mit zustimmendem Brüllen hinter einer Fahne herlaufen. Er wird keinem Führer, Erlöser oder Befreier von selbst ernannten Gnaden zujubeln. Und einen Ausflug ins Grüne wird er jederzeit einem Gepäckmarsch bei der SA – oder wie ähnlich geartete Vereine bei den ähnlich gearteten Herren Diktatoren ähnlicher Spielarten gerade heißen mögen – vorziehen.

Liebe Feinde, treue Helfer

Weil nicht nur ein frommer Christenmensch, sondern auch ein lediglich halbwegs loyaler Bürger jederzeit der Wahrheit verpflichtet sein sollte, fühle ich mich gedrängt, hier in aller Form ein Bekenntnis abzulegen. Nämlich: Die so erfolgreichen 37 Jahre, in denen ich in der »Kronen Zeitung« an jedem Tag der Woche meine »Staberl«-Kolumne geschrieben habe, wären wohl bei weitem nicht derart günstig verlaufen, wenn ich in dieser langen Zeit nicht stets eine angemessen stattliche Zahl von erbitterten Feinden gehabt hätte, die mich in regelmäßigen Abständen vor Gericht zitiert, oder, sollten sie eventuell eine Spur vernünftiger gewesen sein, mich zumindest in anderen Zeitungen wütend attackiert haben. Was hier wie eine nachträglich vorgenommene sarkastische Abrechnung mit ehemaligen Widersachern klingt, ist in Wahrheit nur eine ganz nüchterne Feststellung. Die »Staberl«-Kolumne hätte gewiss nicht derart schnell Erfolg gehabt, wenn die Staberl-Feinde nicht den Durchbruch Staberls so nachhaltig befördert hätten.

Weil nicht nur, wie oben schon angemerkt, die Wahrheitsliebe, sondern auch die Tugend der Dankbarkeit den wenigstens ansatzweise redlichen Bürger zieren sollte, stehe ich nicht an, mich aus tiefstem Herzen bei allen jenen nachdrücklich zu bedanken, die mir in diesen 37 Jahren als jederzeit verlässliche Feinde hilfreich zur Seite gestanden sind. Wenn eine Hilfestellung für Staberl auch keineswegs ihr Ziel gewesen ist, so zählt ja doch, wie auch anderweitig in diesem Leben, am Ende nur die erzielte Wirkung. Die aber war dann jederzeit so beschaffen, das ich heute als Zeichen meines tief empfundenen Danks nur ausrufen kann: Meine lieben Feinde sind jederzeit auch meine treuesten Helfer gewesen. Möge es ihnen, im Himmel oder in der Hölle, dereinst angemessen vergolten werden!

Die erste meiner täglichen »Staberl«-Kolumnen ist am 1. Februar des Jahres 1965 erschienen. Bis zum 1. Mai 2001 ist es dann, aus jeweils verschiedenen Gründen, nur zwei Mal passiert, dass die »Kronen Zeitung« ohne »Staberl«-Beitrag erschienen ist. Aber schon ein Jahr nach dem ersten Staberl, als die »Kronen Zeitung« noch eine wirtschaftlich auf recht wackeligen Beinen stehende Tageszeitung gewesen ist, sind mir auch schon die ersten erbitterten Feinde zugewachsen. In den späten Februartagen 1966 war es, als der Österreichische Gewerkschaftsbund mit Hilfe seines ebenso gerissenen wie bedenkenlosen Advokaten Dr. Wilhelm Rosenzweig vor Gericht die wahrhaft groteske Behauptung aufstellen ließ, dass diese »Kronen Zeitung« doch in Wahrheit Eigentum der Gewerkschaft sei. Hirnrissige Begründung: Nur durch eine seinerzeit von der Gewerkschaft übernommene Bürgschaft für einen damals der »Krone« gewährten Bankkredit konnte diese Zeitung überhaupt gegründet werden; nur unter Assistenz der Gewerkschaft habe sich die »Krone« daher zu ihrer heutigen Position durcharbeiten können.

Ältere Leser werden sich vielleicht noch erinnern, wie schmählich die Aktion der Gewerkschaft damals geendet hat. Aber immerhin ist es dem Advokaten Rosenzweig, der es später dann als Justizminister noch zu fragwürdiger Prominenz bringen sollte, gelungen, die »Kronen Zeitung« für vier Tage lang von der Polizei besetzen zu lassen und unter öffentliche Verwaltung zu stellen; zur »Sicherung allfälliger Eigentumsrechte« der Gewerkschaft an dem Unternehmen, wie Rosenzweig offiziell festgestellt haben wollte. Damals sollte es nun zu einer ersten spektakulären Aktion meiner und unserer Feinde mit stark-kontraproduktivem Ausgang kommen. Es geschah nämlich, dass sich der jüdische Rechtsanwalt Rosenzweig ausgerechnet einen schwer belasteten Nazi namens Grossberg als öffentlichen Verwalter bei der »Kronen Zeitung« erwählte. Zu diesem seltsamen Sachverhalt warf ich in einer Kolumne die eher melancholische Frage auf, wieso sich denn jüdische und antisemitische Spitzbuben beim Vorantreiben ihrer Schurkenstücke so prächtig zu gemeinsamen Aktionen zusammenfinden; während sich – siehe nur den Nahen Osten damals wie heute – anständige Juden und ihre nichtjüdischen anständigen Gegenspieler – niemals auf Dauer im Sinn des Friedens gemeinsam durchsetzen können.

Diese recht nahe liegende Frage hat sich viele Jahre später auch mir persönlich gestellt, als ich beim letzten meiner insgesamt elf Besuche in Israel um ein Uhr mittags im israelischen Ashkelon ausgeraubt worden bin. Während ich in einem hübsch am Strand gelegenen Gasthaus gerade eine gegrillte Truthahnkeule verzehrte, schlugen versierte Umverteiler auf dem Parkplatz die Scheiben meines Mietwagens ein, um sich mit einer Reisetasche aus dem Staub zu machen, in der leider auch mein Pass, meine Flugkarte, mein Geld, meine Kreditkarte und zu guter Letzt auch noch die Schlüssel meiner Wiener Wohnung gewesen sind. Die Polizei stand mir damals zwar sehr hilfreich bei, doch ihre Hoffnungen, in einem einschlägig bekannten Strandstück wenigstens meine Tasche mit den für die Diebe wertlosen Utensilien zu finden, blieb angesichts der bald hereinbrechenden Dämmerung leider erfolglos. Die – übrigens nicht uniformierten, sondern in Blue Jeans gekleideten – Polizisten konnten mir lediglich den gemäß ihren Erfahrungen wohlmeinenden Rat geben, telefonisch oder telegrafisch sofort die Auswechselung der Schlösser in meiner heimatlichen Wohnung zu veranlassen. Längst sei ja bekannt, dass die hiesigen Autoknacker mit ihren Kumpanen im Ausland zusammen arbeiteten. Meine Schlüssel per Eilfracht nach Wien zu schicken, um dort womöglich auch noch meine Wohnung ausrauben zu lassen, sei ja eine Kleinigkeit.

Ich tat, wie mir geheißen, schaffte anderntags auf abenteuerliche Weise auch ohne Pass und Flugticket meine Ausreise und durfte dann in Wien die freudige Situation erleben, meine Wohnung unversehrt vorzufinden. Derart leicht kann sich der Mensch bisweilen freudige Überraschungen verschaffen …

Ein paar Wochen später bekam ich dann über die Post ein Paket zugestellte, als dessen Absender die Polizeidirektion Jerusalem zeichnete. In dem Paket fand sich alles an, was mir damals gestohlen worden war – alles außer dem Bargeld, das die Diebe der Reisetasche entnommen hatten, um dieses möglicherweise verräterische Utensil dann schleunigst in jenem Dünenabschnitt wegzuwerfen, den meine Polizisten damals wegen der hereinbrechenden Dunkelheit nicht mehr absuchen konnten. So fand ich denn in dem Paket nicht nur meinen verhältnismäßig wertvollen Fotoapparat, sondern auch Kreditkarten, Pass, Flugticket und meine Wohnungsschlüssel vor.

Was aber hat das mit der schon erwähnten seltsamen Kumpanei des jüdischen Anwalts mit dem schwer belasteten Nazi Grossberg zu tun? Ziemlich viel immerhin. Dem Paket mit all meinen Sachen minus Bargeld hatte die absendende Polizeibehörde nämlich auch noch einen Ausschnitt einer englischsprachigen Tageszeitung beigelegt; des Inhalts, dass die im Gebiet von Ashkelon so umfangreich tätig gewesene Autoknacker-Bande nach umfangreichen Vorarbeiten der Polizei endlich ausgehoben und dingfest gemacht werden konnte; zu spät für mich freilich. Als lehrreiche Mitteilung fand sich in dem Zeitungsartikel aber auch die Tatsache vermerkt, dass die Bande, der jetzt endlich das Handwerk gelegt worden war, zu ziemlich gleichen Teilen aus Israelis und Arabern bestand. Wieder konnten die Gauner zweier verfeindeter Volksgruppen oder Religionen mühelos kooperieren, während dies vernünftigen Politikern hüben und drüben bis heute nicht gelungen ist.

Zurück zu den Wiener Ereignissen vom Februar 1966 aber, die später dann unter dem Kennwort »Zeitungsputsch« in die österreichische Nachkriegsgeschichte eingegangen sind. Der von Rosenzweig bestellte öffentliche Verwalter Grossberg – er war im Krieg ein »Reichsbeauftragter« in den von den deutschen Truppen besetzten und jetzt »Warthegau« genannten polnischen Gebieten gewesen – hatte mich gleich am ersten Tag seiner viertägigen Herrschaft zu sich bestellt und mir eröffnet, dass er angesichts meiner Verdienste um unsere Zeitung eine erhebliche Gehaltsaufbesserung für mich im Sinn habe. Ich teilte Herrn Grossberg daraufhin erstens mit, dass ich keineswegs käuflich sei; zweitens aber überreichte ich ihm meinen schon geschriebenen »Staberl«-Text für morgen, worin gleich einleitend zu lesen stand, dass eine Gruppe von skrupellosen Gaunern vorübergehend die Herrschaft in der »Kronen-Zeitung« an sich gerissen habe.

Grossberg las das Manuskript kopfschüttelnd durch und sagte dann: »Sie werden ja wohl nicht angenommen haben, dass ich diesen Beitrag erscheinen lasse, oder?«

»Darüber habe ich, weil es mir sinnlos erschienen ist, nicht näher nachgedacht«, antwortete ich. »Ich bin aber laut Dienstvertrag verpflichtet, täglich einen »Staberl«-Text abzuliefern – was ich hiermit getan habe ...«

Ich habe weiter oben schon erwähnt, dass es im Verlauf von 37 Jahren »Staberl« nur zwei Mal eine »Krone«-Ausgabe ohne meine Kolumne gegeben hat. Den ersten der beiden Fälle habe ich eben im Zug meiner Begegnung mit dem öffentlichen Verwalter und – wie er wohl gehofft hatte – dem künftigen »Krone«-Chef von Gnaden der Gewerkschaft und der Sozialistischen Partei geschildert. Der zweite Fall war weit weniger dramatisch. Als ich in jüngeren Jahren zumindest jedes zweite Jahr noch meinen Urlaub konsumierte, um in diversen Küstengebieten der Welt auf Tauchfahrt zu gehen, verpasste ich einmal im Zug der Heimreise vom Roten Meer ein Flugzeug, das mich vom sudanesischen Khartum nach Kairo gebracht hätte. Damit war auch der gebuchte Anschlussflug nach München beim Teufel, und so kam ich einen Tag zu spät in Wien an. Da aber durch eine Verkettung unglücklicher Umstände auch kein Reserve-»Staberl« gefunden werden konnte, erschien die »Kronen-Zeitung« damals zum zweiten Mal ohne Staberl. Sie hat es aber ebenso überstanden wie später dann den 1. Mai 2001, den aus der Sicht der Gewerkschaft- und Arbeiterbewegung so legendären »Tag der Arbeit« also, an dem ich meine Arbeit bei der »Kronen Zeitung« niedergelegt habe. Ich halte mir als Zeichen meiner realistischen Weitsicht zugute, was ich all die Jahre hindurch im Freundes- und Kollegenkreis immer wieder hartnäckig erklärt wie auch felsenfest geglaubt habe: dass in der

»Krone« auch ohne Staberl alles wie bisher weiterlaufen werde. Dümmlich nämlich jedweder Mensch auf dieser Welt, der da meint, ohne ihn könne dieses oder jenes Werkel doch unmöglich weiter gehen!

Der Advokat Wilhelm Rosenzweig ist mir dann weit über das viertägige Intermezzo der auf Betreiben der Gewerkschaft handstreichartig vorgenommenen Besetzung der »Kronen Zeitung« ein stets lieber und nützlicher Feind geworden. Übrigens darf ich hier dankbar vermerken, dass sich in jenen vier Tagen alle Angehörigen der »Krone« wie ein Mann gegen die neuen Machthaber unter Führung des seltsamen Gespanns Rosenzweig-Grossmann gestellt haben. Da es naturgemäß unmöglich war, unseren Protest auch im Druck erscheinen zu lassen, mussten wir zu diversen Listen greifen, um versteckte Botschaften das Licht der Druckerschwärze erblicken zu lassen. Da kam einmal einer aus unserem Fotoarchiv zurück und brachte von dort das Bild einer recht schön blühenden Rose zurück. Es erschien, mit einem nichts sagenden Text versehen, auch tatsächlich im Druck, doch da es uns gelungen war, die Bildunterschrift in letzter Minute noch insgeheim zu verändern, stand anderntags unter dem Foto der blühenden Rose im Stil alter Bauernregeln der neue Text:

»Kommt der Rosenzweig ins Haus,
ist's mit Hetz' und Gaudi aus.«

Ach, zu wie vielen Staberl-Kolumnen hat mich in den folgenden Wochen und Monaten der Advokat Rosenzweig doch animiert! Wie dankbar muss ich diesem unermüdlichen Stoff-Lieferanten bis zum heutigen Tag noch sein! Ähnlich dankbar durfte ich nur noch dem unter der Regentschaft Kreiskys zum Justizminister aufgestiegenen Christian Broda sein. Dieser verkündete ja allen ernstes seine »sozialistische Vision« von einer endlich einmal »gefängnislosen Gesellschaft«, die einem künftig total fortschrittlichen Staat die Abschaffung aller Haftanstalten und damit auch die Einsparung gewaltiger finanzieller Mittel ermöglichen werde.

Wie dankbar hat Staberl damals diese und viele weitere Anregungen des Justizministers angenommen! Wie unerschöpflich auch sprudelten noch viele weitere linksfortschrittliche Visionen aus Brodas nimmermüdem Gehirn.

Heute lebt Broda leider nicht mehr. Drum gibt es auch überall in der Welt noch so viele Gefängnisse!

Zu grossem Dank auch bin ich einer Parteifreundin Brodas, nämlich der ebenfalls von Kreisky eingesetzten Staatssekretärin und nachmaligen Frauenministerin Johanna Dohnal verpflichtet. Sie hat sich als unermüdliche Lieferantin und unfreiwillige Zuträgerin Staberls höchste Verdienste erworben. Es gibt, so verkündete Dohnal bei den verschiedensten Gelegenheiten hartnäckig immer wieder, auf der Welt zwei verschiedene Gruppen von Menschen: a) gute Frauen und b) böse Männer. Eine solche These war, leicht vorhersehbar, für Staberl ein Rohmaterial von unschätzbarem Wert; bin ich doch zeit meines Lebens der freilich ein wenig rückschrittlichen, um nicht zu sagen: reaktionären Meinung gewesen, dass gute und böse, aufrechte und hinterfotzige, ehrliche und niederträchtige Menschen, hübsch gleichmäßig verteilt, unter Frauen wie Männern zu finden seien.

Ein ziemlich tief empfundenes Mitleid habe ich mit der Frauenministerin Johanna Dohnal auch einmal gehabt. In einer der längst dahin gegangenen Live-Diskussionssendung »Club 2« des österreichischen Fernsehens war es, als mich die Ministerin Dohnal aufforderte, endlich einmal die Höhe meiner Einkünfte bei der »Kronen Zeitung« offen zu legen; damit die Leserinnen und Leser – der unsägliche Sprach-Bankert »LeserInnen« war dazumalen noch lang nicht erfunden – endlich einmal erfahren könnten, welch unverschämtem Großverdiener sie doch ganz zu Unrecht ihr Vertrauen schenkten.

Dohnals Attacke fußte auf einem alten, aber nicht sehr guten österreichischen Brauch – nämlich, dass alles Übel im Land nur auf die Umtriebe der ruchlosen »Besserverdiener« zurückginge, während jeder wahrhaft anständige Bürger womöglich mit dem Existenzminimum auskommen sollte, wenn er sich nicht gar weit unter der Armutsgrenze durchzufretten habe.

»Wenn es Sie viel angeht, wieviel ich verdiene, Frau Ministerin«, habe ich damals vor laufender Kamera geantwortet, »dann geht es Sie einen Schmarren an! Die ›Kronen Zeitung‹ ist nämlich, was Sie gar nicht zu wissen scheinen, ein Privatunternehmen, das seine Ausgaben aus seinen Einnahmen bestreitet. Da wäre eventuell fürs Publikum Ihr Einkommen viel interessanter – für das müssen nämlich die Steuerzahler aufkommen.«

Im Zug dieses Dialogs zwischen Staberl und Ihrer Exzellenz, der Ministerin, vermeinte ich nun, ein deutliches und unausgesetztes Zittern der Hände Dohnals wahrgenommen zu haben. Es waren aber, wie sich bald herausstellen sollte, nicht etwa Staberls Repliken, die Dohnals Hände erzittern ließen. Vielmehr war Frau Dohnal eine extrem nikotinabhängige Kettenraucherin, der man indes in ihrem politischen Lager nahegelegt hatte, vor laufender Kamera, weil das einen schlechten Eindruck mache, nicht zu rauchen.

Dann aber war die Kamera endlich ausgeschaltet. Nie zuvor habe ich eine derartige Gier vorgeführt bekommen, mit der ein Mensch eine Zigarette rauchen, aber nein: verschlingen kann. Wer zu seinem Glück frei von solchen Plagen ist, kann sich wohl die unsäglichen Leiden eines Suchtgift-Abhängigen gar nicht vorstellen. Der Anblick der von schweren Entzugserscheinungen geprägten zitternden Hände der Ministerin Dohnal müsste auch jenen Leuten zu denken geben, die uns da unentwegt verkünden, dass Tabak und Alkohol, ja nicht einmal Haschisch, als Suchtgifte anzusehen wären, sondern nur als harmlose Freudenspender in diesem doch ohnehin gemeinhin so tristen Leben in der reaktionären und von Leistungsdruck und Arbeitsleid gekennzeichneten kapitalistisch-globalisierten Ausbeutergesellschaft.

So war es denn für mich ein herber Verlust, als Johanna Dohnal unter dem zunehmenden Druck der Öffentlichkeit bald einmal ihr Handtascherl just so nehmen musste, wie geschasste männliche Würdenträger nach populärer Redeweise ihren Hut zu nehmen haben. Doch wie wir schon aus dem Schatzkästlein der volkstümlichen Spruchweisheit wissen: Wenn die Not am größten, ist die Hilfe am nächsten!

So durfte ich denn freudigen Herzens erkennen, dass Dohnals Nachfolgerin als Frauenministerin, eine gewisse Helga Konrad, für mich womöglich noch weit mehr hergegeben hat als ihre so verdienstvolle Vorgängerin. Die Konrad war ja ein wahrer Schatz!

Die neue Frauenministerin war die Schöpferin eines gleichermaßen originellen wie hirnrissigen Plans, der die Republik Österreich nach langer Zeit wieder einmal in die Gazetten der Weltpresse bringen sollte; dies freilich vorzugsweise in die so genannten Kuriosa-Spalten. Was nämlich hatte die frisch gefechste Frauenministerin von Österreich ausgekocht und dazu auch noch mit Hilfe einer sündteuren und auf Staatskosten durchgezogenen Reklamekampagne im Fernsehen zu popularisieren versucht? Die österreichischen Ehemänner, in der Hauptsache doch eh nur lauter niederträchtige und patriarchalische Machos, sollten endlich einmal per Gesetz dazu verpflichtet werden, zumindest die Hälfte des täglich in der Küche anfallenden Geschirrs abzuwaschen. Und damit der von den emanzipierten Vorkämpferinnen gemeinhin stets nur die Leviten gelesenen Männerwelt endlich einmal auch eine kleine Belohnung winken sollte, hieß es dazu in den von der Frau Ministerin auf Regimentsunkosten lancierten Fernseh-Sprucherln etwa wie folgt:

»Ganze Männer machen Halbe-Halbe!«

Frau Helgas unerschrockener Vorstoß war natürlich nicht allein für Staberl ein gefundenes Fressen, das mit angemessener Dankbarkeit freudig angenommen wurde. Auch in vielen anderen Zeitungen wurde die kühne Vision der Frauenministerin freudig aufgegriffen. Ein solches Zuckerl wird einem ja im Zeitungsgeschäft wahrhaftig nicht alle Tage geboten. Doch nicht nur die Journalisten – die ja bekanntlich zumindest nach Ansicht schlecht singender und daher abfällig kritisierter Tenöre sowie schlecht kickender und daher in den Matchberichten im Sportteil herzhaft verrissener Fussballer an allem schuld sind – bemächtigten sich ausführlich des Themas; nicht nur die Oppositionsparteien überschütteten die neue Frauenministerin mit Häme; auch in weiten Kreisen der eigenen Partei erregte die Vision der Genossin Konrad von den Fünfzig-Prozent-Geschirr-abwaschenden einheimischen Ehemännern nur Kopfschütteln.

Das ist eben das Schicksal der Visionäre aller Völker und Epochen: dass sie von ihren Zeitgenossen nicht verstanden werden! Hatten nicht jene kühnen Denker, die da einst unerschrocken verkündeten, dass unsere Erde eine Kugel und nicht wie bisher angenommen eine Scheibe sei, zunächst nur Spott und Hohn, wenn nicht gar Verfolgungen und Kerker erlitten? War der Italiener Marconi nicht ausgelacht worden, als er prophezeite, dass Länder und ganze Kontinente gar bald mit Hilfe von Radiowellen in Verbindung treten könnten? Hatte man James Watt vielleicht geglaubt, als er aussagte, dass viele der bisher von Pferden, Menschen oder Ochsen geleisteten Arbeiten gar bald von seiner Dampfmaschine übernommen werden könnten? Und wenn uns auch aus der Urgeschichte unserer kaum noch aufrecht gehenden Vorfahren keine Berichte überliefert sind, so dürfen wir getrost annehmen, dass auch die Erfinder des Rades zunächst nur den Spott jener eingeheimst haben werden, die da bereit waren, ihre Lasten auch fürderhin auf dem Buckel zu schleppen.

So hat denn einst auch der Partei- und Regierungschef Franz Vranitzky, bei Staberl gern und oft als »schöner Vrantz« apostrophiert, die diversen Visionäre des eigenen Lagers nur mit dem Hinweis »Wer Visionen hat, braucht einen Doktor« bedacht. So geschieht es denn in betrüblicher Weise, dass ungeachtet der Vision des Justizministers Broda von der gefängnislosen Gesellschaft noch immer so viele Opfer unseres erbarmungslosen Gesellschaftssystems im Arrest schmachten müssen; und dass sich die österreichischen Ehemänner, diese hundsföttisch faulen Paschas, immer noch ums Abwaschen der ihnen von der visionären Frauenministerin Helga Konrad zugeteilten Geschirr-Hälfte drücken.

Aber wer weiß! Vielleicht haben die Spötter aller Lager der Visionärin Helga nur bitteres Unrecht zugefügt! Vielleicht haben diese Zweifler ja gar nicht begriffen, wohin die kühne Initiative der Helga Konrad doch führen sollte. Nämlich zu einer ganz anderen Lieblingsidee des linksfortschrittlichen Lagers: Zur Schaffung neuer Arbeitsplätze!

Mit der Beschlussfassung eines von der Frauenministerin Konrad mit solcher Inbrunst angestrebten Gesetzes, das die Ehemänner des Landes bindend zu Hälfte-Abwäschern des Küchengeschirrs gemacht hätte, wäre es ja noch lang nicht getan gewesen! Welchen Nutzen nämlich erbringt selbst das allerbeste und fortschrittlichste Gesetz, wenn es nicht entsprechend exekutiert und überwacht wird? Es hätten daher, um das Konradsche Gesetz voll wirksam werden zu lassen, auf der Stelle zahlreiche Kontrolleure eingesetzt werden müssen, die unangemeldet und überfallsartig in den heimischen Küchen Nachschau gehalten hätten, ob der Ehemann auch tatsächlich seine Halbscheid an schmutzigem Geschirr erledigt haben mochte. Dass die von solchen Kontrollinstanzen erbrachten Ergebnisse dann in Form entsprechender Statistiken zu veröffentlichen und parlamentarisch zu behandeln gewesen wären, ehe diese Materialien dann von professionellen Parteigünstlingen zu Studien verarbeitet und der Öffentlichkeit zugänglich gemacht worden wären, versteht sich von selbst. Die solchermaßen neu geschaffenen Arbeitsplätze hätten dann in wohltätiger Weise die demnächst fällige Erwerbslosen-Statistik geschönt. Aber das verstehen ja all jene nicht, die nicht das Glück hatten, beizeiten von Visionen heimgesucht zu werden!

Zwei »Feinde« besonderer Art

Bei der aus würgendem Platzmangel freilich nur stichprobenartig vorgenommenen Erwähnung jener Staberl-Feinde, die mir dann im Endeffekt höchst nützlich gewesen sind, dürfen zwei nicht fehlen, bei denen ich das Vokabel »Feinde« deswegen nur zwischen Anführungszeichen setzen dürfte, weil ich privat und persönlich mit ihnen gut befreundet gewesen bin und bis zum heutigen Tag immer noch bin.

Den erstklassigen Journalisten Gerd Bacher etwa habe ich als gescheiten, witzigen und jederzeit originellen Gesprächspartner schon geschätzt, als er noch lang nicht zum Generalintendanten des Österreichischen Rundfunks aufgestiegen und in dieser Eigenschaft deswegen zu meinem Widersacher geworden war, weil er, von ihm keineswegs bestritten, die »Kronen Zeitung« vernichten wollte. Weil ich aber die Loyalität stets als eine der höchsten menschlichen Tugenden im Berufs- wie auch im Privatleben gehalten habe, waren meine Beziehungen zu Bacher bald von zwiespältiger Natur: privat standen wir nach wie vor auf freundschaftlichem Fuß, beruflich bekämpften wir einander recht heftig.

Da war nun, nur so beispielsweise, bald vergessen, dass

mir Bacher einst als Chefredakteur jenes »Express«, wo ich als Nachfolger des nach Deutschland gegangenen Johannes Mario Simmel über ein Jahrzehnt lang das Sonntagsfeuilleton unter dem noch von Simmel ersonnenen Titel »Für den Sonntag geschrieben« verfasst habe, aus eigenem Antrieb gleich mein Honorar beträchtlich erhöht hatte. Jetzt, da der ORF-Generalsekretär Bacher die »Kronen Zeitung« mit Stumpf und Stiel ausrotten wollte, zitierte er mich wiederholt vor Gericht, weil ich ihm in der »Staberl«-Kolumne nichts schuldig geblieben war. Dabei habe ich mich einmal, zum ersten und letzten Mal, sogar der Versform bedient. In Anbetracht der Tatsache, dass Bacher seine Attacken gegen die »Krone« nicht nur im ORF, sondern auch in der ihm wohlgesinnten Tageszeitung »Kurier«, unserem damals mächtigen Konkurrenzblatt, vorantrieb, schrieb ich damals einmal:

»... Drum tobt der Bacher wie ein Stier
In seinem ORF und im ›Kurier‹«.

Der Nachweis, wie damals – freilich auch schon unter Bachers Vorgängern – im ORF das Geld der Teilnehmer verludert wurde, fiel Staberl nie besonders schwer. Hier half mir sogar eine ganz persönliche Erfahrung, die ich einst als nebenberuflicher Mitarbeiter der Fernseh-Sportredaktion gemacht hatte. Da war ich nämlich etwa ein Jahr vor meinem Engagement bei der »Kronen Zeitung« von meinem Freund und Jahrgangskollegen, dem leider schon in seinen Vierzigern allzu früh verstorbenen Heribert Meisel, als Mitarbeiter des ORF-Teams bei den Olympischen Winterspielen von 1964 in Innsbruck angeheuert worden; zuvor schon hatte ich als Assistent Meisels bei einem von ihm gedrehten Fernsehfilm über den damals neunjährigen Hansi Hinterseer mitgeholfen, dem heute so prominenten Sänger und Kommentator.

Meine Tätigkeit fürs Fernsehen während der Winterspiele von Innsbruck, die übrigens auch meinen Abschied vom Metier des Sportjournalisten markierten, war eher von untergeordneter Bedeutung: ich hatte jene Eishockeyspiele zu kommentieren, die nicht als Live-Darbietung ausgestrahlt, sondern von anderen Fernsehanstalten beim ORF als kurze Filmberichte bestellt wurden.

Als kleines Rädchen in einem gar mächtig aufgeblasenen Apparat staunte ich nicht schlecht, jedoch angemessen freudig, als ich vor Beginn meiner Tätigkeit von Kopf bis Fuß äußerst großzügig eingekleidet worden bin. Ich fasste also zwei Pullover, eine sogar nach Maß gefertigte Skihose, einen Anorak, ein Paar Skischuhe, zwei Mützen, etliche Leibchen und Handschuhe aus. Dazu wurde ich auch noch, ohne allzu viel arbeiten zu müssen, für damalige Begriffe geradezu fürstlich entlohnt; tatsächlich habe ich bis zum damaligen Tag noch nie in meinem Leben für so wenig Arbeit so viel bezahlt bekommen.

Dann aber waren die Spiele von Innsbruck zu Ende und damit auch meine Tätigkeit in der ORF-Sportabteilung. Was hatte ich nun, so überlegte ich mir, mit den mir zugeteilten Ausrüstungsgegenständen zu tun? Ich befragte darüber nicht nur Heribert Meisel, sondern überdies auch noch den prominenten ORF-Kommentator Kurt Jeschko, der, gleichaltrig mit mir und Meisel, leider ebenfalls längst verstorben ist. Ihre Antworten waren einmütig und ließen sich ganz gut auf die Kurzformel bringen: »Was fragst denn so blöd? Nimm' die Sachen nach Haus' und vergiss' die ganze Sache ...!«

Als ich ein paar Jahre später in einer Staberl-Kolumne wieder einmal die so leichte Hand des ORF beim Verschleudern der Teilnehmergebühren anprangerte und daraufhin von Bacher schon wieder geklagt wurde, entsann ich mich der Ausrüstungsstücke, die ich noch von Anno 1964 bei mir zu Hause liegen hatte, packte sie in einen Koffer und nahm sie mit in den Gerichtssaal. Als dann im Zug der Verhandlung auch Staberls von Bacher inkriminierte Aussage zur Sprache kam, wonach doch der ganze ORF sich gar nicht besonders um sein Programm kümmern, sondern vielmehr nur jeden Tag den »Verschwender« von Ferdinand Raimund spielen müsste, legte ich zum Beweis der Geldverschwendung beim ORF die umfangreiche, mir einst in Innsbruck zugeschanzte Skiausrüstung auf den Richtertisch und enthüllte dazu die ganze Vorgeschichte. Der Herr Rat ließ den Vorgang zwar ins Protokoll aufnehmen, forderte mich aber dann, ein wenig unwirsch, doch auf, die Sachen wieder einzupacken. »Ob Sie das Zeug behalten dürfen oder zurückgeben sollen, unterliegt nicht der Entscheidung der Gerichte«, belehrte er mich. »Auf keinen Fall kann ich Ihrem Ansuchen stattgeben, diese Gegenstände treuhändig in Verwahrung zu nehmen ...«

Ob ich damals verurteilt oder freigesprochen worden bin, ist mir längst entfallen. Der Prozess und meine Ski-Ausrüstung bildeten jedenfalls willkommenes Material für weitere Kolumnen gegen den ORF und seinen Generalintendanten Gerd Bacher, der sich nur allzu gern »Tiger« nennen und karikieren ließ, und dazu auch noch selbstgefällig bekannte, welch Pläsier es ihm doch bereite, auf der »größten Orgel« des Landes zu musizieren. Damit ich's aber nicht vergesse: Während Bacher und ich, jeder auf seine Weise, einander herzhaft bekriegten, hatten wir, etwa auf dem Tennisplatz oder auf den Skipisten im schönen Gasteiner Tal, so manche Begegnungen, die jederzeit störungsfrei, harmonisch und vor allem stets vergnüglich abgelaufen sind. Bis zum heutigen Tag übrigens.

… und rührte kein Ohrwaschel

Der zweite meiner Widersacher, bei denen ich das Vokabel »Feind« ausdrücklich zwischen Gänsefüßchen zu setzen hätte, weil ich nämlich, genau wie im Fall Gerd Bacher, auch mit ihm ungeachtet aller offizieller Turbulenzen stets freundschaftlichen Umgang pflegte, war Robert Jungbluth, der damals ziemlich unumschränkt regierende Generalsekretär des Bundestheaterverbandes. Diese Instanz, deren logische Daseinsberechtigung nach Staberls wiederholter Aussage kein vernünftiger Mensch einzusehen vermochte, war eine allen Bundestheatern übergeordnete Dachorganisation, die es in puncto Geldverschwendung jederzeit mit dem ORF aufnehmen konnte. Wozu, so fragte ich wiederholt, leistet sich eigentlich die Republik Österreich auf Kosten ihrer geduldigen Steuerzahler ein den einzelnen Bundestheatern übergestülptes Werkel, wo doch jede dieser Bühnen ohnehin einen eigenen Direktor mit weitgehender Machtvollkommenheit hat? Wozu halten wir uns auf Regimentsunkosten zu den Direktoren der einzelnen Staatsbühnen auch noch einen Über-Direktor, der schon wieder ein ganzes Schüpperl von beamteten Funktionären unter sich versammelt?

Das Pikante an den von Staberl recht häufig vorgetragenen Attacken gegen den stets mit dem Beiwort »unnötig« bedachten Bundestheaterverband lag aber, wie im Fall ORF und seinem »Tiger« und General Bacher, abermals in der Tatsache, dass ich auch mit dem Bundestheater-General Jungbluth privat auf bestem Fuß stand. Unsere stets amüsant verlaufenden Kontakte gingen noch auf die Zeit zurück, als Robert als Chef der Wiener Stadthalle auch viele Sportveranstaltungen organisierte, über die ich als Sportjournalist dann zu berichten hatte. Jungbluth war übrigens in seiner Jugend als Leichtathlet ein recht guter Hürdenläufer gewesen; ein Umstand, der ihn eventuell auch als Bundestheater-Generalsekretär befähigte, sich über allfällige Bedenken mehr oder weniger elegant hinwegzusetzen. So stand's jedenfalls wiederholt bei »Staberl« zu lesen.

Dann aber kam der Fall Christl Schönfeld daher, der mich in die Lage versetzte, die einzelnen Scharmützel gegen den Bundestheaterverband und seinen Chef Jungbluth zu einem einzigen massiven Vorstoß zusammenzufassen. Die im Reigen des Bundestheaterverbandes tätige oder, wenn schon nicht das, dann jedenfalls beamtete Frau Schönfeld, eine respektable Dame aus höchsten Adelskreisen übrigens, war schon lang zuvor von allen anderen Dienstverpflichtungen befreit worden, um sich das ganze Jahr über den Vorbereitungen für den jeweils folgenden Wiener Opernball zu kümmern.

Diese Regelung war auch aus Staberls Sicht durchaus zu rechtfertigen. Zwar bin ich noch nie in meinem Leben auf dem Opernball gewesen und habe auch keineswegs vor, diesem Ereignis jemals künftig beizuwohnen, doch habe ich gegen dieses gesellschaftliche Zentralereignis von Wien, bei dem die vornehmsten Damen ihre edelsten Protziosen vorführen, während sich die Herren ja ihre zwingend vorgeschriebenen Fräcke jederzeit beim renommierten Kostümverleih Lambert Hofer ausleihen können – gerüchteweise gegen eine kleine Aufzahlung bereits mit diversen fix angenähten Orden versehen, nichts einzuwenden. Wer einer offiziellen Einladung für den Opernball für würdig erachtet und daher künftig zur Creme der österreichischen Menschheit gezählt wird, findet ja auf diesem begehrten Dokument unmissverständlich den Vermerk »Frack mit Dekorationen« abgedruckt. »Frack mit Pletschen« pflegte Staberl zu schreiben.

Ungeachtet meiner skeptischen Grundeinstellung gegen den Wiener Opernball habe ich nun die prinzipielle Berechtigung dieses Ereignisses stets gebührend vermerkt. Dies aber nicht nur, weil ich da jedes Mal Stoff für eine, wenn nicht gar mehrere Kolumnen vorgefunden habe, etwa, wenn eines Jahres der Bundeskanzler und Sonnenkönig Kreisky in seiner Loge mit umgehängter rotweißroter Schärpe die Huldigungen der Eliten von selbst ernannten Gnaden entgegennahm – während unten auf der Straße Kreiskys Sohn Peter im Verband gleichgesinnter linksrabiater Krawallierer machtvoll gegen die heute in der Oper versammelte kapitalistische Ausbeutungsklasse demonstrierte. Das war schon ein Zuckerl von besonders g'schmackiger Art.

Doch auch aus ganz anderen, höchst realistischen und vor allem ökonomischen Erwägungen heraus habe ich den Wiener Opernball stets herzhaft verteidigt. Endlose 364 Tage pro Jahr nämlich – in Schaltjahren sogar 365 Tage –, so schrieb ich wahrheitsgemäß, hängt uns die Wiener Staatsoper mit ihrem Horror- und Monsterdefizit schwer im Sack. Am Tag des Opernballs aber beschert das berühmte Haus am Ring dem Steuerzahler einen Gewinn. Wer könnte, wer dürfte da noch gegen den Opernball sein? Ganz im Gegenteil: mehrere Opernbälle pro Jahr, hübsch gleichmäßig über den Kalender verteilt, könnten das Defizit des Hauses noch weiter mildern! Eine aus solchen Überlegungen resultierende Forderung »Jeden Tag ein Opernball!« schösse aber denn doch ein wenig übers Ziel heraus. Schon allein deswegen, weil die rings ums Haus tätigen Revoluzzer und Demonstrierer wohl bald ausbleiben würden, wodurch dem elitären Anlass auch ein guter Teil seines Reizes genommen würde.

Zurück zum Fall Schönfeld aber. Als diese umtriebige Vorbereiterin aller Opernbälle einmal an einem Monatsletzten das amtliche Pensionsalter erreicht hatte, bekam sie unter Federführung des Generalsekretärs Jungbluth bereits per folgendem Ersten einen neuen Vertrag, der sie einerseits verpflichtete und andererseits in die angenehme Lage versetzte, wie bisher das ganze Jahr über den nächstfolgenden Opernball zu organisieren. Angenehm war dies für die Gräfin Schönfeld insofern, als sie fortan neben dem »wohlerworbenen Recht« ihrer Beamtenpension auch noch zusätzlich ihre Gage als eben frisch aufgenommene Vertragsangestellte einstreichen durfte.

Just so aber, wie in George Orwells Roman »Farm der Tiere« der Grundsatz »Alle Tiere sind gleich – aber manche sind gleicher« postuliert worden ist, sind auch im Dunstkreis der Republik Österreich alle gleich, jedoch manche gleicher; was sich im vorliegenden Fall allerdings nicht auf Tiere bezieht, sondern auf die hiesigen Staatsbeamten oder, wie es im geschwollenen Amtsdeutsch und Kurialstil so schön heißt: auf die »öffentlich Bediensteten«.

Während nämlich jedem nicht beamteten Österreicher, der nach den Bestimmungen des Allgemeinen Sozialversicherungsgesetzes ASVG in Pension geht und dann vielleicht als Nachtwächter oder Zettelverteiler eine kleine Aufbesserung seiner bescheidenen Rente anstrebt, sofort ein Teil, wenn nicht ganz die ganze ASVG-Pension gestrichen wird, bleiben österreichische Beamte von solchen Widrigkeiten verschont. Denen bleibt ihre staatliche Pension sogar dann in vollem Umfang erhalten, wenn sie mit Hilfe wohltätiger Beziehungen von meist politischer Art und Weise nunmehr als Aufsichtsratsvorsitzende eines Staatswerkels ein Vielfaches ihrer Beamtenpension kassieren dürfen.

Hämisch pries Staberl an Hand des Falles Schönfeld die vorbildliche Einstellung des Sozial- und Wohlfahrtsstaates Österreich; mit der beigefügten Forderung freilich, dass Benefizien solcher Art doch nicht allein den Staatsdienern, sondern, sagen wir, auch Maurern, Geschäftsleuten, Installateuren, Hilfsarbeitern oder Gewerbetreibenden eingeräumt werden mögen.

Wiederholt bin ich damals gegen den Bundestheaterverband allgemein und gegen seinen Generalsekretär Jungbluth besonders aktiv geworden. Doch während mein Freund Gerd Bacher in ähnlich gearteten Anlässen stets hurtig seine Advokaten gegen mich mobilisiert hatte, reagierte nun mein Freund Robert Jungbluth prinzipiell anders – nämlich überhaupt nicht. Er klagte mich nicht, er schickte keine Entgegnungen, er versuchte auch nicht bei den Herausgebern der »Kronen Zeitung« gegen mich zu intervenieren. Er tat vielmehr gar nichts. Er rührte, wie es im Wiener Sprachgebrauch so originell heißt, kein Ohrwaschel.

Der Generalsekretär Robert Jungbluth lief auch dann nicht zu Gericht, als ich ihn zu einem solchen Schritt gewissermaßen zwingen wollte: zum Beispiel, als ich ihn einmal als »unverschämten Abräumer« brandmarkte.

Zwischendurch begegneten wir einander häufig bei freundschaftlichen Anlässen. Dabei meinte ich gelegentlich, dass er wohl mit mir keine besondere Freude haben werde. »Aber geh' doch«, antwortete er mir einmal, »wir sind doch keine Amateure! Komm', trinken wir ein Glaserl Wein darauf …«

Dann zog ich eines Tages Bilanz. Vierzehn Mal hatte ich im Verlauf von elf Monaten den Bundestheaterverband und seinen Generalsekretär attackiert – Ergebnis Null. Gut ein halbes Dutzend Mal hätte mich Robert klagen können, ja müssen. Doch hat er weiterhin kein

Ohrwaschel gerührt, dafür aber – Staberl hin, Staberl her – seine Geschäfte wie bisher, wenn nicht gar noch dreister – weiter betrieben.

Da musste ich mir eingestehen, dass ich im Fall Robert Jungbluth und seines Bundestheaterverbandes eine klare Niederlage erlitten hatte. Ich erkannte: Wenn man als Journalist immer wieder aufs gleiche Ziel feuert, immer wieder den gleichen Würdenträger ins Visier nimmt, ohne damit irgendeine Wirkung zu erzielen, dann muss man seine Attacken, wenn man die Leser nicht langweilen und vergrämen will, einstellen.

Das habe ich dann auch tun müssen. Der einstimmige Punktesieg ging an Robert Jungbluth, der eine solche Formulierung ja insofern auch wohl verdient hat, als er während seiner Tätigkeit in der Wiener Stadthalle immerhin auch Veranstalter vieler Boxkämpfe gewesen ist.

So hat denn der Bundestheater-General Robert Jungbluth seinen Erfolg gegen den »Krone«-Staberl errungen, indem er überhaupt und prinzipiell nicht reagiert hat. Beim Boxen wäre eine solche Taktik allerdings nicht sehr erfolgsträchtig. Wer sie anwenden wollte, ginge mit Sicherheit schon in der ersten Runde k.o.

»Staatsgeld in Minister-Tasche!«

Der Fall Robert Jungbluth war für mich sehr lehrreich. Von langwierigen Kampagnen gegen Leute oder Institutionen, die keinerlei Reaktionen erkennen lassen, habe ich künftig eher abgesehen. Zum Glück aber sind solche Fälle selten. Weitaus häufiger ist es gottlob die Regel, dass beleidigte Leberwürste aller Kategorien – darin noch bestärkt von kurzsichtigen Advokaten, die nur auf ihre Paragraphen schauen – wie bestellt gleich wieselflink zu Gericht laufen.

Oft ist es nun auch vorgekommen, dass mich Leute, die von Zeitungen angegriffen worden sind, um einen wohl meinenden Rat gefragt haben. Was sollten sie denn in ihrem Fall tun? Dem Blatt eine Entgegnung schicken? Den feindseligen Journalisten klagen? Hinterrücks bei dessen Chef intervenieren?

Solchen Ratsuchenden habe ich, ehe sie mir noch weiter Details mitgeteilt haben, aus vollster Überzeugung sofort nahe gelegt, überhaupt nichts zu unternehmen. »Und jetzt erzählen Sie die näheren Einzelheiten«, habe ich in einem bestimmten Fall, der sehr gut für alle ähnlich gearteten Fälle stehen kann und daher hier erzählt werden soll, mein Gegenüber gebeten: »Ich bin nämlich neugierig.«

Mein Gegenüber war damals Rudolf Streicher, der in jenen Tagen als Minister in einem der Kabinette des Sonnenkönigs Kreisky werkte. Später sprengte Streicher auch noch als Kandidat für das Amt des Bundespräsidenten die Walstatt der österreichischen Politik. Als er aber die Wahl verlor, ist er bald darauf dennoch ein Präsident geworden; dies freilich lediglich beim Fußballklub der Wiener Austria. In dieser Funktion hat er sich aber ebensowenig lang halten können wie sein Nachfolger Georg Sattler. Der wiederum war zufälliger Weise nicht nur mein Kundenbetreuer bei der Schoeller-Bank, sondern ist bald auch mein Freund geworden. Warum beider Präsidenten-Dasein bei der Wiener Austria nur von verhältnismäßig kurzer Dauer gewesen ist, kann ich nur mutmaßen. Noch aus meiner Tätigkeit als Sportjournalist in frühen Jugendtagen weiß ich aber, welches Erfordernis ein österreichischer Fußballfunktionär auf jeden Fall zu erfüllen hat, wenn seine Amtsperiode auch nur einigermaßen von Dauer sein soll: er darf vom Fußball keinerlei Ahnung haben. Vielleicht haben die Austria-Präsidenten Streicher und Sattler diese unverzichtbare Qualifikation nicht oder jedenfalls nur in ungenügendem Ausmaß erbracht.

Jetzt berichtete mir also der mir seit langem bekannte Rudolf Streicher die gar missliche Geschichte von der Attacke einer Wochenzeitung, die unter dem Titel »Staatsgeld fließt in Minister-Tasche!« Streicher beschuldigt hatte, öffentliche Mittel kaltblütig in den eigenen Sack fließen zu lassen. Der Sachverhalt war grotesk genug, zeigt aber so nebenbei auch auf, welch seltsame Manipulationsmöglichkeit sich bisweilen sensationsgierigen Zeitungen und Journalisten eröffnen.

Der nunmehrige Minister Streicher hatte vor vielen Jahren, als er sich noch als Werkstudent so einigermaßen durchschlagen konnte, immerhin in Linz eine kleinc Eigentumsgarçonnière erwerben können. Später zog in diese Wohnung seine Tochter ein, deren Sinn freilich schon bald nach einer größeren Bleibe stand. Im Interesse allenfalls bald nachwachsender Familienangehöriger behielt Streicher die von ihm längst ausbezahlte Kleinwohnung aber und übergab sie zur allfälligen Vermietung einem einschlägigen Immobilienbüro. Das Büro verschaffte Streicher, der ja nominell immer noch Eigentümer der Wohnung war, der Reihe nach etliche Mieter.

So weit der recht dürre Sachverhalt. Wie und auf welche Weise aber, so wird sich jedermann fragen, soll hier öffentliches Geld in die Tasche des jetzigen Ministers Streicher geflossen sein? Das hat die fragliche und wohl auch fragwürdige Wochenzeitung gar bald herausbekommen, auf ihre spezielle Weise freilich.

Alsdann: Einer der von dem Vermittlerbüro geschickten Mieter war von Beruf zufällig ein Mitarbeiter des Linzer Staatsbetriebs VÖEST. Bei solchen verstaatlichten Werkeln aber war es – und ist es – an der Tagesordnung, dass politisch wohl angepasste Mitarbeiter unter den von der Gewerkschaft vorgeschützten Stichworten »Wohlerworbene Rechte« oder auch »Freiwillige Sozialleistungen« Privilegien zugeschanzt bekommen, von denen Arbeiter und Angestellte von Privatfirmen, die ja ihr Geld erst einmal verdienen müssen, ehe sie es zusätzlich an ihre Mitarbeiter weitergeben können, nicht einmal träumen dürfen.

Es bezog also der gegenwärtig und dem nominellen Wohnungseigentümer Streicher völlig unbekannte Mieter der Eigentumsgarçonnière als freiwillige Sozialleistung von seinem Dienstgeber VÖEST einen Mietzins-Zuschuss. Dass dieser Dienstgeber dem Steuerzahler Jahr für Jahr ein Monsterdefizit in Milliardenhöhe bescherte, spielte hier keine Rolle. Altmodische, ja rückschrittliche Sparmaßnahmen, um Defizite womöglich erst gar nicht entstehen zu lassen, mögen den Privatfirmen ruchloser Kapitalisten vorbehalten bleiben, die ihre ausgebeuteten Lohnsklaven, jederzeit nachzulesen bei Karl Marx, so schnöd um den Mehrwert ihrer Arbeit prellen.

Jetzt hatte sich der Manipulierer-Kreis auch schon geschlossen. Also: Die VÖEST erhält, um ihre Defizite auszugleichen, vom Staat Geld. Der Mieter der Eigentumsgarçonnière Streichers kassiert wiederum von der VÖEST seinen Zuschuss. Daher: Wenn Streicher oder seine Familie vom derzeitigen Bewohner der Garçonnière Miete bekommen, dann ist auch Geld vom Staat dabei – solchermaßen fließen öffentliche Mittel in Streichers Tasche. Damit ist der reißerische Titel »Staatsgelder fließen in Minister-Tasche« aber auch schon gerechtfertigt.

Ich habe Streicher damals dringend geraten, auf keinen Fall irgendetwas zu unternehmen. Jahre später war er mir für diesen Rat noch dankbar. Anhand ähnlicher Fälle von reißerischen, aber unfundierten Zeiungsattacken hatte er inzwischen erkannt, wie man Vorwürfen, bei denen Politiker und öffentlich Funktionäre – ausnahmsweise, wie man eventuell argwöhnen muss – einmal tatsächlich schuldlos sind, am besten begegnet: durch strikte Nichtbeachtung. Gar schnell ist dann der Spuk auch schon vorbei.

»Kredenz auf Radeln«

Von solcher Einsicht weit entfernt war die seinerzeit sehr bekannte Opernsängerin Gertrude Grob-Prandl, die etwa zur gleichen Zeit einmal den freilich von Haus aus zum Scheitern verurteilten Versuch unternommen hat, einen missliebigen Kritiker vor einem ordentlichen Gericht zur Räson zu bringen.

Der Fall hat damals sowohl gewaltiges Aufsehen erregt als auch weithin im Land wahrhaft homerisches Gelächter hervorgerufen. Bei der hier aber unumgänglichen Schilderung der Vorgeschichte kann nun nicht einmal ein Kavalier der ältesten Schule um die Feststellung herumkommen, dass sich Frau Grob-Prandl, wie auch so manch andere Operndiva jener Zeit – wie soll man's halbwegs zartfühlend sagen? – nicht gerade durch einen übertrieben fragilen Körperbau ausgezeichnet hat. Wie immer dem auch sein mag: jedenfalls hat der Musikkritiker Karl Löbl, vergleichsweise wenig galant freilich, geschrieben, dass Frau Grob-Prandl »wie eine Kredenz auf Radln« auf die Szene der Wiener Staatsoper gerollt sei.

Von nun an rollten auch die Ereignisse mit der unerbittlichen Konsequenz einer antiken Schicksalstragödie ab. So flink, wie es ihr nur möglich war, lief die Diva zu

Gericht, um dort dem so unbotmäßigen Kritiker Löbl möglichst wirksam die Leviten lesen zu lassen.

Doch nun geschah das, was alle mühelos voraussehen konnten – alle, außer der Klägerin und ihrem Advokaten. Löbls ungalanter Vergleich der Sängerin mit einer Kredenz auf Radln, der ohne gerichtliche Klage nur von dem verhältnismäßig kleinen Kreis der Opernbesucher beziehungsweise von der noch kleineren Schar der Leser von Opernkritiken überhaupt wahrgenommen worden wäre, wurde auf dem Umweg über die Gerichtssaal-Rubriken auch in allen anderen Zeitungen weithin genüsslich verbreitet. Bald war eine landesweite Debatte im Gang, an der auch jene freudig genussvoll teilnahmen, die in ihrem ganzen Leben noch nie eine Oper von innen gesehen hatten; geschweige denn, dass sie je erfahren hätten, von welcher Beschaffenheit die Statur der Operndiva Grob-Prandl und von welcher Qualität deren Gesang sein mochten.

So war es denn keine besonders gute Idee der Opernsängerin Grob-Prandl gewesen, den Kritiker Karl Löbl vor die Schranken eines Bezirksgerichts zu zitieren. Oder, wie man heute auf Neudeutsch gern und oft zu sagen pflegt: dieser Vorstoß hat sich als ausgesprochen kontraproduktiv erwiesen.

Von Krankenkassen und anderen sozialen Einrichtungen

In meiner Kuriositätensammlung, die in den 37 Jahren der Tätigkeit als »Staberl« in der »Kronen Zeitung« zu wahrhaft respektablem Umfang angeschwollen ist, doch auch schon zuvor so manches Gustostückerl enthielt, findet sich ein alter Zeitungsausschnitt aus dem sozialistischen Zentralorgan »Arbeiter-Zeitung«, die damals in unverbrüchlicher Solidarität zur Verteidigung der ebenfalls vorzugsweise links angesiedelten Krankenkassa auszog. In einem in den 50er Jahren auf einer Frauenseite erschienenen Artikel wurde die folgende entzückende Feststellung getroffen:

»In früheren Zeiten, denen wir wahrhaftig keine Träne nachweinen müssen, galt eine Frau mit dreißig bereits als alt! Heute aber gibt es reizvolle Sechzigerinnen. Und wem verdanken wir das? Einer sozialen Einrichtung, die oft ganz zu Unrecht kritisiert wird – der Krankenkasse!«

Wer nun der hehren linken Vision anhängt, wonach Vater Staat in nimmermüder Obsorge Spitäler, Kindergärten und Schulen zu bauen hat, welch segensreiche Tätigkeit auch noch durch die Beistellung von Polizei, Feuerwehr oder Müllabfuhr harmonisch zu ergänzen sei: der wird, dem wahren Fortschritt seinen Tribut zollend, eventuell auch meinen, dass es einem möglichst kraftvollen Staat mit Leichtigkeit möglich sein müsste, jederzeit auch die persönliche Glückseligkeit des einzelnen Bürgers zu befördern. Wer aber einmal dies vermeint, kann freilich in froher Zuversicht hoffen, dass ein ordentlicher Staat doch auch, Marx sei Dank, imstande sein müsste, den Sechzigerinnen jederzeit ihre Reize zu erhalten; zumindest jenen, die bei der Krankenkasse pflichtversichert sind. Motto: Wer bei der Krankenkassa ist, lebt nicht nur länger, sondern bleibt auch schöner.

Ob die Nutznießer eines seinerzeit viel erörterten »Grazer Apothekenskandals« ebenfalls länger gelebt und dazu auch noch reizvoller geblieben sind, ist den einschlägigen Gerichtsakten nicht zu entnehmen. Unbestritten hingegen, dass sich damals im schönen Graz ein paar Doktoren mit ein paar gleichgesinnten Apothekern zusammengetan haben, um mit Hilfe einer ansehnlichen Manövriermasse kranker und versicherter Normalbürger die Krankenkasse kräftig über den Löffel zu balbieren. War der Plan einmal ausgeklügelt, lief alles Weitere wie am Schnürchen ab. Die Ärzte verschrieben ihren zum Glück kerngesunden Patienten dies und das, die angeblich Kranken liefen in bestimmte, ihnen zuvor namhaft gemachte Apotheken, die ihrerseits wieder bereit waren, an Stelle des auf dem Rezept angegebenen Medikaments diverse Kosmetika zu liefern. So wurde aus dem blutdrucksenkenden Mittel eine Packung Sonnencreme; aus dem Gurgelwasser ein Fläschchen Shampoo; aus dem Kopfwehpulver ein Nagellack; aus den Vitaminpillen eine schicke Tönung für die neueste Modefrisur. Vielleicht wäre auch noch das Anfertigen von Dauerwellen auf Krankenschein gelungen, wenn der ganze Dreh nicht vorzeitig aufgeflogen wäre.

So mancher hiesige Kassen-Versicherte wird aber an einer solchen Aktion gar nichts Verwerfliches gefunden haben. Ganz im Gegenteil. Wenn mir schon jahrein, jahraus der Krankenkassenbeitrag abgezogen wird – so wird dieser oder jener Kassenpatient meinen –, ohne dass ich auf Grund einer hartnäckig andauernden Gesundheit jemals etwas herausholen kann, dann ist es doch nur recht, wenn auch vielleicht nicht immer billig, wenn ich auch als Gesunder bei der Krankenkassa die Hand aufhalten darf, um meinen gerechten Anteil einzufordern. Schließlich will man doch wieder herausbekommen, was man zuvor jahrelang eingezahlt hat!

Für diese gern im Brustton einer vermeintlich ehrlichen Überzeugung vorgetragenen Argumente gibt es eine Universalformel, die auch für manch andere im Sozial- und Wohlfahrtsstaat vorgesehene Leistung jederzeit anwendbar ist. Die potenziellen Empfänger milder staatlicher Wohltätigkeiten pflegen dann mit nur mühsam unterdrückter Empörung zu sagen: »Das steht mir doch zu …!«

So mag denn auch dem ebenfalls in meiner Kuriositätenmappe vertretenen Betreiber eines illegalen Bordells in Oberösterreich, der neben seinen spartenbedingten Pferdchen auch noch drei Luxuskarossen der allerobersten Preisklasse laufen hatte, der Bezug der Notstandshilfe als schierer Akt staatlicher Gerechtigkeit erschienen sein. Auch dem 37jährigen Frührentner, der nach dem so genannten Abstieren eines Taxlers gefasst worden ist, mag seine Pension ebenso als ihm zustehend vorgekommen sein. Dass einem vergleichsweise doch eh noch harmlosen Handtäschchenräuber als sozialen Status die amtliche Klassifikation »Notstandshilfeempfänger« zuerkannt wird, rundet das Bild eines an allen Ecken kaltblütig ausgesackelten Sozialstaates in fast schon harmonischer Weise ab.

Es wäre freilich ungerecht, alle Sozialmaßnahmen des totalen Wohlfahrtsstaates unbarmherzig zu kritisieren. Der Krankenkassa zum Beispiel hat schon der feine Satiriker Ephraim Kishon einmal attestiert, dass sie zumindest so lange erstklassig funktioniere, als sich der Versicherte einer ungetrübten Gesundheit erfreue; kritisch gestalte sich die Lage nur für den, der das Pech hat, gerade krank zu werden.

Die bei uns so überaus beliebte Frühpension, zumeist unter dem Hinweis auf eine angegriffene Gesundheit beantragt, hat ebenfalls ihre wohltätigen Meriten: fortan können kränkelnde Frührentner zuhauf Fitnessklubs, Skipisten, Tennisplätze und Golfklubs frequentieren. Der Sozialstaat macht's möglich.

Haben wir nun eben von dem brillanten ungarisch-israelischen Autor Ephraim Kishon gesprochen? Der hat in einer Staberl-Kolumne, die ich etwa ein halbes Jahr vor meinem Rückzug aus der »Kronen Zeitung« schrieb, auch eine gewisse Rolle gespielt. Da war also im Staate Österreich, wie schon oft genug in den vergangenen Jahren und Jahrzehnten, die dringende Rede von der Notwendigkeit, die Krankenkassen – zunächst in noch witziger, dann aber immer öder klingender Weise als »kranke Kassen« apostrophiert – endlich einmal durchgreifend zu sanieren. Hatte die linke Reichshälfte dies in sträflicher Weise versäumt, so würde die jetzt amtierende schwarzblaue Regierung nun zügig an diese Aufgabe herangehen. Leicht zu erraten nun, dass gegen alle Pläne, am System der amtlichen Krankenversicherung auch nur das Geringste zu ändern, von roter wie grüner Seite sofort die großen Protestspritzen in Stellung gebracht worden sind. Die Regierung, so hörte man da, wolle doch nichts anderes als im hiesigen Gesundheitswesen wieder ein »Zweiklassensystem« einführen, damit eine ordentliche medizinische Betreuung künftig nur noch vom Geld abhängen werde. Pfui, nieder, niemals!

Damals schrieb Staberl, dass doch im Gesundheitswesen eine solche Zweiklassengesellschaft bei uns und anderswo schon seit eh und je gegeben sei. Es möge sich doch einmal, so meinte ich, ein gewöhnlicher Kassenpatient einem prominenten Chirurgen und Professor mit dem Ansinnen nähern, auch nur eine Blinddarmoperation lediglich gegen Krankenschein vorzunehmen! Einen solchen Patienten würde der Professor – noch vor der Chirurgie – in die Psychiatrie verfrachten.

Als ich dies niederschrieb, tauchte in meiner Erinnerung vage eine Geschichte von Ephraim Kishon auf, der sich dieses Themas schon einmal in seiner unvergleichlichen Weise angenommen hatte. Aber wo und wann? In welchem Zusammenhang?

Ich durchstöberte die Inhaltsverzeichnisse von sechs Kishon-Bänden, die ich zu Hause im Regal stehen hatte, konnte aber nichts finden. So nahm ich mir denn, nach entsprechender Entschuldigung bei Meister Kishon, die Freiheit heraus, die mir genau in Erinnerung befindliche Geschichte mit eigenen Worten nachzuerzählen. Der Autor berichtete also von einem berühmten Chirurgen, der nicht nur versiert das Skalpell zu führen vermochte, sondern auch noch über hypnotische Fähigkeiten verfügte, die er für seine Patienten in wohltätiger Weise anwendete.

Da gab es also frischoperierte Magenkranke, die nachher auf strikte Diät gesetzt waren. Sie löffelten ihre Haferschleimsuppe, doch da sie zuvor vom Professor hypnotisiert worden waren, vermeinten sie, ein saftiges Steak oder einen sonstigen von ihnen geschätzten Leckerbissen zu verzehren. Dazu hatte der hypnotisierende Chirurg die Erklärung abgegeben, dass die von den Patienten empfundene Freude, mit der sie ihr Diätessen für eine kulinarische Spezialität hielten, den postoperativen Heilungsverlauf in günstiger Weise beschleunige.

Kishon wollte nun von dem Professor wissen, ob er ausnahmslos alle Patienten zu hypnotisieren vermöge. Der Arzt verneinte: nur etwa 60% aller Menschen könnten hypnotisiert werden. Aber diesen 60%, so fragte Kishon weiter, könne man jedwede Speise suggerieren?

Antwort: Jawohl – jede. Nun folgte aber noch eine dritte und letzte Frage. Warum war dann dem einen Patienten eine erlesene Portion von Chateaubriand, dem anderen aber nur eine vergleichsweise bescheidene Hühnersuppe eingeredet worden?

Der Mann mit dem Chateaubriand, enthüllte der berühmte Chirurg und Hypnotiseur, sei ein Privatpatient. Die Hühnersuppe sei für die Kassenversicherten.

Die Sache hatte noch ihr liebenswürdiges Nachspiel. Zwei Wochen nach Erscheinen meiner Kolumne erhielt ich aus Zürich ein Buch zugeschickt, Absender: Ephraim Kishon. Neben der handschriftlichen Widmung »für Staberl« fand sich auch noch der Vermerk »Seite 54«. Das Buch trug den Titel »Drehen Sie sich um, Frau Lot« und befand sich sehr wohl in meiner Kishon-Sammlung. Allerdings war die mir in so lebhafter Erinnerung verbliebene Schnurre von dem hypnotisierenden Doktor in diesem Band nicht als eigene Geschichte, sondern nur, auf Seite 54, als freilich recht ausführliche Fußnote zu einem anderen Titel erschienen. Drum hatte ich sie beim Durchstöbern der Inhaltsverzeichnisse auch nicht finden können.

Artig bedankte ich mich bei Ephraim Kishon; mit der beigefügten persönlichen Meinung, dass ein derart erstklassiger Stoff wohl auch eine eigene vortreffliche Geschichte hergegeben hätte. Aber wahrscheinlich sprudeln bei Kishon die Ideen reichlich genug, um auch die besten gelegentlich nur in einer Fußnote unterzubringen. Wer hat, der hat!

Der Tod des Pleitegeiers

Von den alten Hunnen geht, weil diese wilden Herrenreiter schon vor gar so langer Zeit gelebt und gebrandschatzt haben sollen, im Volk eine zumeist nur noch geringe Kunde um. Wer ein halbwegs ordentliches Lexikon zu Hause stehen hat, kann seinem Wissensstand allenfalls insofern auf die Sprünge helfen, als er wenigstens informiert ist, dass diese hunnischen Horden schon ums Jahr 200 v. Chr. am oberen Orchon – den ja eh ein jeder kennt – in der Mongolei ein gut gehendes Reich betrieben haben. Natürlich weiß man auch von Attila, dem Hunnenkönig, und seinen diversen vorwiegend grauslichen Streichen. Aber sonst? Da wird, wenn einem schon sonst von den Hunnen rein alles Spanisch vorkommt, doch immerhin von Generation zu Generation die Kunde weiter gereicht, dass die Hunnen ihre Fleischportion fürs Nachtmahl tagsüber vorzugsweise unter den Sätteln weichgeritten haben. Je länger die hunnischen Krieger dann jeweils geritten sind, und je mehr Feinde sie unterwegs mit ihren Krummsäbeln abgemurkst haben, desto weicher und saftiger ist dann am Abend der Tafelspitz oder der Schopfbraten ausgefallen. Oder? Haben die schlitzäugigen Herrschaften vielleicht gar kein Schweinernes und daher auch keinen Schopfbraten aufs Menü setzen dürfen? Hat ihnen das ihr großer Gott untersagt? Ach ja, vielleicht liegt hier auch eine Verwechslung mit frommen Muselmanen oder gottesfürchtigen Juden vor. Es stimmt ja auch sonst so manches überhaupt nicht, was da in der volkstümlichen Fassung der Geschichtsschreibung ehrfürchtig weiter erzählt und dabei immer wieder mit neuen interessanten, wenngleich falschen Details liebevoll ausgeschmückt wird.

Wie war das, nur so beispielsweise, mit den Pfauenzungen, mit denen die alten Römer zumindest der besseren Kreise ihren Hunger gestillt haben sollen? Wer den gesunden Appetit wohl situierter Lateiner angemessen ins Kalkül zieht, erkennt freilich im Handumdrehen, dass es ja in der gesamten Antike weitaus zu wenig Pfauen gegeben haben wird, um auch nur auf einer einzigen Party am römischen Kaiserhof den Hunger der Eingeladenen zu stillen.

Wie mochte das, schon ein Weilchen früher, mit dem König Leonidas gewesen sein, der am Pass der Thermopylen mit seinen dreißig Spartanern das ganze persische Heer aufgehalten haben soll? Konnte vielleicht, wie andere Quellen vermelden, der spartanische König in Wahrheit auf eine Soll- und Iststärke von 300 Kriegern zurückgreifen, wenn nicht gar auf deren dreitausend? Wie leicht ein falsch gesetzter Dezimalpunkt zu folgenschweren Falschmeldungen führen kann, weiß ja bis in unsere Tage hinauf so mancher, der einstens in der Mathematik brilliert hat.

Weil wir aber gerade bei den Spartanern sind: Sollen diese ihre auf die spartanische Kadettenakademie geschickten Nachwuchskrieger tatsächlich stets mit der berüchtigten Blutsuppe abgespeist haben, auf dass die Sprößlinge dereinst in weiteren Schlachten gegen persische oder auch andere Heere nur recht wild würden? Erst recht ist dann in der althellenistischen Mythologie geflunkert worden. Der Stall des Augias, das Schwert des Damokles oder die Qualen des Tatalos müssen ja wohl auch nicht allesamt für bare Münze gehalten werden. Oder sollte es sich in Wahrheit überhaupt eher um das Schwert des Kolumbus oder das Ei des Damokles gehandelt haben? Gleichviel! Zumindest jene bildungsbeflissenen Hellenen, die in den Berlitz-Schulen zu Athen, Sparta und Theben beizeiten einen italienischen Sprachkurs belegt haben, mochten gleich nachher, von Erleuchtung erfüllt, »Se non è vero è ben trovato!« ausgerufen haben. Frei ins Altgriechische übersetzt: Nicht alles, was an hübschen Historien-Schnurren ideenreich ausgeheckt worden ist, muss auch wahr sein!

War etwa, wie es so schön heißt, Christoph Kolumbus bis zu seinem Tod wirklich der Meinung, nicht etwa in Amerika, sondern vielmehr an der Hinterseite von Indien gelandet zu sein, um fortan auf dem vergleichsweise viel kommoderen Seeweg die teuren indischen Gewürze per Seefracht an den spanischen Königshof schaffen zu lassen? Da soll ja, so geht eine weitere Kunde, im Verlauf des Mittelalters eine einzige Muskatblüte zum Preis eines veritablen Ochsen notiert haben. Aber wer weiß, vielleicht ist auch das nicht wahr; vielleicht ist lediglich ein Pfefferkorn gerade so viel wert gewesen wie eine kleine Kinderportion von saurem Wein.

Da fällt mir aber auch gleich die Kolschitzky-Gasse ein, die in Wien im vierten Bezirk von der Gegend des Gürtels in Richtung Stadtzentrum zieht. Die ist nach jenem Herrn Kolschitzky benannt, der als unerschrockener Kundschafter in dem von den Türken belagerten Wien wiederholt unter Lebensgefahr die feindlichen Linien durchbrochen haben soll. Bei diesen Streifzügen, so will es die heroische Überlieferung wissen, habe Kolschitzky da und dort in gerade verlassenen osmanischen Zelten die eine oder andere Portion Kaffee gestiebitzt. Als die Belagerung Wiens dann vorbei und das christliche Abendland somit zumindest so lange als gerettet anzusehen war, als nicht zeitgenössische türkische Migranten ohne jede Gefahr in dieses eindringen konnten: da durfte sich der versierte Ex-Kundschafter Kolschitzky dann aus der Kriegsbeute auch noch so manchen zusätzlichen Sack Kaffee heraussuchen. Damit soll aber auch schon der Weg für das erste Kaffeehaus auf Wiener, doch was sagt man: auf europäischem Boden frei geworden sein, das Kolschitzky dann in der nach ihm benannten Gasse aufmachte und zu einem durchschlagenden gastronomischen Erfolg führte.

Schade nur, dass schon lang vor der türkischen Belagerung Wiens in Venedig und auch in Paris diverse Kaffeehäuser florierten! Aber an alles können ja die Erfinder historischer Anekdoten auch nicht denken!

Ach ja, da bin ich, als ich noch in der »Kronen Zeitung« als Staberl werkte, selber einmal Opfer eines der realen Überlieferung längst entrückten Historien-Schmähtandlers geworden. Um den Pleitegeier hat es sich damals gehandelt, den ich gern und oft in meine Dienste genommen habe, wenn Schuldenmacherei und Verluderung öffentlicher Gelder wieder einmal gar zu kräftig ins Kraut geschossen waren. Da konnte man denn etwa bei Staberl lesen, wie bald aus dem Luftraum über den verstaatlichten Betrieben oder der notorisch defizitären Bundesbahn, bald auch aus der Gegend der Bundestheater, der Krankenkassen oder der Penisonsversicherungsanstalten jenes unheimliche Rauschen zu vernehmen war, das aus den Gefiedern der unentwegt über diesen Institutionen kreisenden Pleitegeier kam.

Doch eines Tages war es mit dem schönen Rückgriff auf das Rauschen aus den Federn des unheildräuenden über den Staatsbetreibern schwebenden Pleitegeiers abrupt vorbei. Da erhielt ich leider den Brief eines gleichermaßen aufmerksamen wie linguistisch versierten Lesers, der mich rücksichtslos darüber aufklärte, dass der Pleitegeier ja überhaupt kein Raubvogel und auch kein sonstiges Federvieh, sondern vielmehr ein veritabler Mensch sei, der sich gerade auf dem Weg in den wirtschaftlichen Ruin befände. Die »Pleite« nämlich, so belehrte mich mein Freund und Leser, komme aus dem Hebräischen und bedeute dort so viel wie »rettende Flucht«. Der »Geier« aber stamme aus dem Jiddischen und sei keineswegs ein Vogel, sondern vielmehr ein »Gejer« oder

»Geher«. Der Pleitegeier insgesamt aber könne deswegen weder fliegen noch rauschen, sondern sei ein gerade in Nöten befindlicher Wirtschaftstreibender, der im Begriff stehe, soeben in die Pleite zu gehen.

Als ich die Übersetzung von »Pleite« mit »rettender Flucht« vernahm, begriff ich auch urplötzlich, was der Unternehmer Edi B. gemeint hatte, als er einer Freundesrunde einmal frei von der Leber weg enthüllte, dass er ja im Vorjahr glattwegs zugrunde gegangen wäre, hätte er nicht gerade noch rechtzeitig den Konkurs angemeldet.

Ich hätte nun auch weiterhin bei zahlreichen sich bietenden Gelegenheiten den Pleitegeier in seiner bisherigen Rolle als Raubvogel über den Unternehmenszentralen traditionell defizitträchtiger Staatsbetriebe kreisen und rauschen lassen können, die dem Zugrundegehen wiederum nur durch rechtzeitigen und entschlossenen Rückgriff auf die Gelder geduldiger Steuerzahler immer wieder ein Schnippchen schlagen können. Was wäre da nämlich schon der eine, sprachlich so versierte Informant im Vergleich zu jenen rund zwei Millionen zählenden sonstigen Lesern gewesen, die nach wie vor der schönen und bis dahin auch von mir geteilten Meinung waren, dass ein Pleitegeier unheimlich rauschen und gefährlich kreisen könne? Doch von da an hatte ich Hemmungen. Schweren Herzens strich ich den Pleitegeier aus meinem Repertoire. Mein Pleitegeier war zu Tode gekommen. Ein einziger Brief eines einschlägig gebildeten Lesers hatte ihn aus den Lüften geholt, in denen er so lang und so oft gekreist und gerauscht hatte.

58mal vorbestraft

In unseren neuzeitlichen Wohlfahrt- und Sozialstaaten achtet die jeweils zuständige Obrigkeit mit nie erlahmendem Eifer stets darauf, dass der Bürger und Untertan vor jedwedem Ungemach tunlichst verschont bleibt. Wer da, nur so beispielsweise, im Fernsehen tapfer die Werbeeinschaltungen verfolgt und dabei auch auf die eine oder andere Apothekerware stößt, der registriert erleichtert, dass sich Vater Staat unverzüglich einmischt, um dem unmündigen, weil lediglich mit einem naturgemäß beschränkten Untertanenverstand ausgestatteten Bürger hilfreich unter die Arme zu greifen. »Über unerwünschte Nebenwirkungen«, muss es daher laut amtlicher Vorschrift heißen, »informieren Arzt, Apotheker oder Gebrauchsbeilage.«

Bravo! Solchermaßen darf sich ja der Bürger seinen vorgesetzten Instanzen in unwandelbarer Dankbarkeit verbunden fühlen. Er bleibt gottlob davor gefeit, sich einen gefährlichen Keuchhusten zuzuziehen, weil er sich eventuell ein falsches und arge Nebenwirkungen nach sich ziehendes Hühneraugenpflaster auf die Zehen gepickt hat. Wer auf ein simples Kopfwehpulver aus ist, darf sicher sein, sich nicht das rheumatische Reißen zu holen; vorausgesetzt freilich, dass er zuvor beim Onkel Doktor oder beim Apotheker nachfragt oder sich gar durch die beigelegte Gebrauchsinformation kämpft, deren Text bisweilen den Verdacht aufkeimen lässt, hier handle es sich um misslungene Übersetzungsversuche der vorderhand noch immer nicht gänzlich entzifferten assyrischen Keilschrift. Von missgünstiger Seite in Imst, Buxtehude oder Solothurn ausgestreute Nachrichten, wonach die leider nur schlampig vollführte Lektüre des Beipackzettels eines Gurgelmittels in der Folge zu Serienrippenbrüchen führen könnte, haben bis heute allerdings noch keine amtliche Bestätigung gefunden. Im Gegensatz zu Medikamenten aller Art müssen Bücher derzeit noch nicht von Amts wegen mit einem konsumentenfreundlichen Beipackzettel ausgeliefert werden. Daher bleibt der Leser dieser Zeilen auch davor gewarnt, dass deren Autor ein vielfach vom Gericht verurteiltes Subjekt ist. Statistisch jederzeit erhärtbar ja, dass ich es im Verlauf der 37 Jahre, in denen in der »Kronen Zeitung« jeden Tag meine »Staberl«-Kolumne erscheinen ist, auf insgesamt 58 Vorstrafen gebracht habe. In Worten: achtundfünfzig!

Allerdings habe ich, worauf ich in rückschrittlicher Weise einigen Wert lege, weder einen Taxifahrer abgestochen noch einen Tankwart ausgeraubt, ja nicht einmal eine Bank überfallen. Ich habe also keines jener Delikte gesetzt, bei denen von fortschrittlicher Seite Mörder, Räuber, wenn nicht gar Raubmörder als bloße »Umverteiler« klassifiziert werden, die mit ihren schwachen Kräften verzweifelt bemüht sind, die krassen und durch nichts gerechtfertigten Einkommensunterschiede im Zeitalter der kapitalistischen Globalisierung wenigstens um ein Geringes auszugleichen.

Hand aufs Herz hier! Wenn einer in unserer von Leistungsdruck und Arbeitsleid gekennzeichneten und rundum herzlosen Gesellschaft keinerlei andere Möglichkeit der Selbstverwirklichung mehr sieht: was anderes soll er denn tun, als eine Bank oder eine Tankstelle auszuplündern? Solche Objekte sind ja ohnehin von höchst anrüchiger Natur: die Banken mästen sich am sauer erworbenen Geld der werktätigen Massen, während die Tankstellen wiederum nur den niederträchtigen Ölmultis dienen. Zieht man dazu noch die so immens trostlosen Verhältnisse ins Kalkül, aus denen die zeitgenössischen Umverteiler zu kommen pflegen – Vater war ein prügelnder Säufer, Mutter ging am Strich, Lehrer und Meister überboten einander in hartherziger Unterdrückung –, dann wird man kaum noch umhin können, für diese ganz zu Unrecht als Übeltäter hingestellten Opfer der Gesellschaft angemessenes Mitleid zu empfinden. Diskret unbeantwortet bleibt dann allenfalls nur die Frage, wieso andere junge Leute, die aus ähnlich trostlosen Verhältnissen stammen, keineswegs zu sich selbst verwirklichenden Umverteilern geworden sind. Aber hier ist wohl auch zu bedenken, dass sich jeder, der in dieser verrotteten Leistungs- und Ausbeutergesellschaft noch immer unbescholten geblieben ist, von Haus aus ziemlich verdächtig macht.

So besehen dürfte ich also mit einem gewissen Stolz auf meine 58 Vorstrafen verweisen, wobei freilich als mindernd anzumerken wäre, dass ich ausnahmslos lediglich mit Pressedelikten aufzuwarten habe. Der mit Abstand häufigste Paragraph des österreichischen Strafgesetzbuches, dem ich dabei im Lauf der Jahre zum Opfer gefallen bin, trug die Nummer 111 sowie den schönen Namen »Üble Nachrede«. Übel nachgeredet habe ich dabei vorzugsweise Politikern aller nur möglichen Couleurs, als erschwerend in der jeweiligen Urteilsbegründung wurde gern und oft meine »mangelnde Schuldeinsicht« angeführt. Wenn nun viele von den Gerichten verurteilte Spitzbuben drauf pochen, eigentlich ganz schuldlos gewesen zu sein, so hätte auch ich auszusagen, dass ich nach meinem subjektiven Dafürhalten des öfteren als reichlich Schuldloser verdonnert und daher quasi das Opfer von Justizirrtümern geworden bin. Darüber habe ich mich aber nie aufgeregt, und das aus gutem Grund. Annähernd eben so oft wie zu Unrecht verurteilt bin ich nämlich auch zu Unrecht freigesprochen worden. Da sich aber die Zahl der ungerechtfertigten Schuldsprüche mit der Zahl meiner ebenfalls ungerechtfertigten Freisprüche hübsch gleichmäßig die Waage gehalten hat, war ich im Endeffekt ganz zufrieden. Es gleicht sich ja auch sonst im Leben so manches immer recht wohltätig aus.

Wie kam es nun zu Verurteilungen, wie zu Freisprüchen? Diese Frage ließ sich zumindest in den ersten zehn, fünfzehn Jahren meiner »Staberl«-Tätigkeit – später sind die Klagen, weil sich herumgesprochen hat, dass es eh nix nützt, drastisch zurückgegangen – leicht beantworten. Damals amtierten in der Bundeshauptstadt Wien zwei Presserichter. Begann der Name des jeweiligen Klägers mit einem Buchstaben zwischen A und M, kam man zum Presserichter X, ab Buchstaben N wurde man zum Presserichter Y geladen. Wann immer ich aber schon wieder eine Vorladung bekam, konnte ich mit erstaunlich hoher Trefferquote vorhersehen, ob mir eine Verurteilung drohen oder aber ein Freispruch winken würde. Um es ein wenig vereinfachend auszusagen: der eine Richter war ein Fan, der andere ein Gegner des Kolumnisten Staberl ... So einfach geht es bisweilen in der Justiz zu.

Ob mir nun eine Verurteilung oder ein Freispruch ins Haus stehen mochte, so wirkte sich in jedem Fall für mich als mildernd aus, dass ich zu den weitaus meisten Verhandlungen gar nicht persönlich erscheinen musste; es genügte zumeist unser Advokat. Der wusste freilich auch, wann und zu welchem Prozess ich dann und wann doch zu erscheinen hatte. So durfte ich denn aus der Warte des Angeklagten so manche Gerichtsverhandlung verfolgen, die mit zum Drolligsten gehört, das mir je im Leben untergekommen ist. Da hätte man dann getrost auch ein Fernseh-Team mit einladen können, dessen Film dann einem geneigten Publikum noch weitaus gspaßiger vorgekommen wäre als jede Darbietung des via TV ebenfalls gern und oft gezeigten Bauerntheaters Löwinger.

Gspaßig ging's freilich nur dann zu, wenn kein Politiker als Kläger auf die Walstatt gesprengt war. Den Politikern mangelt es ja ganz allgemein zumeist an Humor; als humorvolle Leute wären sie ja wohl gar nicht erst in die Politik geraten.

Zwei von jenen gegen mich angestrengten Prozesse, bei denen ich auf Geheiß unseres Anwaltes persönlich erscheinen musste, sind mir allein deswegen schon in unauslöschlicher Erinnerung, weil ich da einmal wegen eines einzigen Wortes, im zweiten Fall sogar wegen eines einzigen Buchstabens in meinem »Staberl«-Text verurteilt worden bin.

Das einzige Wort als juristischer Beweis meiner Schuld lautete »Irrenarzt«. Hier muss freilich die Vorgeschichte des Falls erzählt werden, die allerdings überhaupt nicht lustig ist. Der Fall stand damals in allen Zeitungen: Ein Primararzt der Psychiatrischen Abteilung eines österreichischen Landeskrankenhauses hatte einem bei sich stationär eingelieferten Patienten, der vordem als krass gemeingefährlich gegolten hatte, für geheilt und damit auch für ungefährlich erklärt. Gestützt auf das Gutachten eines weiteren Psychiaters hatte er daher den Patienten in aller Form als unbedenklich für seine Umwelt entlassen. Mit üblen Folgen, wie sich bald zeigen sollte. Schon in der ersten Nacht nach seiner Freilassung stieg der leider nach wie vor Geistesgestörte auf eine Alm und schlitzte dort etlichen Kühen die Kehlen auf. Noch weitaus schlimmer aber, dass der Mann, ehe er noch gefasst werden konnte, auch noch ein 6-jähriges Mädchen umbrachte.

Bei Staberl war damals von einer »gemeingefährlich-mörderischen Arroganz eines Experten von selbsternannten Gnaden« zu lesen. Der Herr Primar hat mich daraufhin geklagt, aber grotesker Weise nicht etwa die »gemeingefährlich-mörderische Arroganz«, sondern den von mir verwendeten Ausdruck »Irrenarzt« inkriminiert. Er sei, so hieß es in der von seinem wohl recht listigen Advokaten verfassten Klageschrift, keineswegs ein »Irrenarzt« welche Bezeichnung aber beim Leser den ganz falschen Eindruck hervorrufen könnte, dass es sich hier um einen »geistesgestörten Mediziner« handle.

Schwer zu glauben, aber wahr: Der Prozess lief den Instanzenweg auf und ab und endete dann mit meiner Verurteilung. In der Begründung hieß es dann, es stünde zwar außer Frage, dass der Begriff »Irrenarzt« in der Umgangssprache vorzugsweise auch für »Psychiater« oder »Neurologe« stehe, jedoch:

»Angesichts der weiten Verbreitung der ›Kronen Zeitung‹ und der überaus hohen Zahl der Leser, welche die Kolumne ›Staberl‹ zweifellos hat, ist nicht auszuschließen, dass zumindest einige dieser Leser die Bezeichnung ›Irrenarzt‹ tatsächlich für eine Umschreibung des Begriffes ›geistesgestörter Mediziner‹ halten könnten, wie dies der Kläger vorgebracht hat. Somit ist die Klagelegitimation des Klageführer als gegeben anzusehen, wodurch in weiterer Folge auch ein Schuldspruch zu verhängen war.«

Dies war meine Verurteilung wegen eines einzigen Wortes, nun kommt ein weiterer Urteilsspruch wegen eines einzigen Buchstabens. Es handelt sich um das Zeichen »l«, L wie Ludwig also. Dieser Fall allerdings weist im Gegensatz zu dem vordem geschilderten gottlob keinerlei tragischen Hintergrund auf. Es ist durchwegs komisch, was sage ich: von umwerfender Humorigkeit von Anfang bis zum Ende.

Die Verhandlung fand an einem glühend heißen Spätsommertag – was noch seine Rolle spielen wird! – im schönen Graz statt. Als Kläger trat ein gewisser Fritz Csoklich vor die Schranken der Gerechtigkeit, seines Zeichens damaliger Chefredakteur jener »Kleinen Zeitung«, die mit unserer eben stürmisch in die Steiermark vordringenden »Steirerkrone« in erbittertem Kampf lag. Bei Gelegenheit hatte auch ich mich einmal in das auf breiter Front tobende Ringen eingemengt und dabei von dem »Grazer Kirchenblattl Kleine Zeitung« geschrieben.

Laut Klageschrift inkriminiert war nun lediglich der von mir verwendete Ausdruck »Kirchenblattl«, weswegen ich in der drückend schwülen Atmosphäre des Verhandlungssaals gleich zu Beginn vom Vorsitzenden gefragt wurde, wie ich denn auf diese Bezeichnung »Kirchenblattl« gekommen wäre, und was ich damit gemeint hatte. Die Antwort fiel mir zunächst außerordentlich leicht. »Laut Impressum der ›Kleinen Zeitung‹ befindet sich«, so sagte ich aus, während unser Anwalt gleichzeitig ein aufgeschlagenes Exemplar mit dem dort befindlichen Impressum auf den Richtertisch legte, »die ›Kleine Zei-tung‹ im Besitz des Katholischen Pressevereins

Graz und somit auch de facto im Besitz der Katholischen Kirche …«

Hier ließen der Kläger Csoklich und sein ebenfalls zum Sukkurs herbeigeeilter Herausgeber lebhafte Anzeichen des Protestes erkennen, doch der Richter, dessen eher wohlwollende Einstellung zu mir und »Staberl« ich längst zu erkennen vermeint hatte, ließ mich weitersprechen.

»Die katholische Kirche aber«, fuhr ich fort, »ist eine seit zweitausend Jahren in der ganzen Welt anerkannte Institution. Somit kann meine Angabe, dass die ›Kleine Zeitung‹ ein Organ der katholischen Kirche sei, keineswegs als diskriminierend angesehen werden. Diverse Fehltritte dieser Institution, wie etwa Hexenverbrennungen oder Inquisition …« – Hier drohten die beiden prominenten Ankläger vor Grimm schier zu platzen – »gehören ja gottlob einer schon weit zurückliegenden Vergangenheit an …«

Hier unterbrach mich nun auch der Richter, auf dessen Mundwinkeln ich allerdings schon die Anzeichen eines vergnügten Schmunzelns zu erkennen wähnte. »Also bitte, Herr Angeklagter«, meinte er, »über derart weit zurückliegende Ereignisse wollen wir uns hier nicht verbreitern. Sagen Sie mir lieber, was Sie mit dem Wort ›Kirchenblattl‹ nun wirklich gemeint haben. Dass die ›Kleine Zeitung‹ dem katholischen Presseverein gehört, haben wir schon gehört und wissen wir auch ohne Ihre Definition. Aber warum haben Sie ›Blattl‹ und nicht ›Blatt‹ geschrieben?«

Hexenverbrennung und Inquisition waren mir also abhanden gekommen, daher erläuterte ich: »Die Bezeichnung ›Blattl‹ ist in der populären Ausdrucksweise eine Verkleinerungsform. Die »Kleine Zeitung« aber erscheint im Kleinformat, ist daher kein ›Blatt‹ sondern ein ›Blattl‹. Daher sehe ich nicht ein, was daran übel sein sollte ...«

»Also bitte«, sprach, mich abermals unterbrechend, der Vorsitzende, »so haben Sie es wohl bestimmt nicht gemeint. Dieses G'schichterl nehm' ich Ihnen nicht ab.« Dann aber wandte er sich mit einem unverkennbaren Ausdruck der Missbilligung den beiden Klägern zu: »Meine Herren! Muss man denn wirklich wegen einer solchen Kleinigkeit, fast hätte ich gesagt: wegen so einem Schmarren gleich zu Gericht laufen? Wir wissen vor lauter Klagen und Gegenklagen ja eh nicht mehr, wo uns die Köpfe stehen ...«

Damit aber wendete sich der Herr Rat, immer wieder mit einem Taschentuch die schweißtriefende Stirn trocknend, wieder mir zu: »Sie haben jetzt schon rund zwei Dutzend Vorstrafen. Wollen Sie, dass ich Sie alle verlese?«

»Nein«, beteuerte ich, ebenfalls bereits aus allen Poren schwitzend.

»Also dann schauen wir, dass wir endlich fertig werden! Wir haben jetzt in Graz in den Warenhäusern gerade die Sommerschlussverkäufe. Die werden Sie ja wohl auch in Wien haben ...«

»Gewiss«, räumte ich ein.

»Also dann habe ich einen Vorschlag. Sie wären angesichts Ihrer Vorstrafen für mindestens sechstausend Schilling Geldstrafe fällig. Ich mache ihnen aber, wie beim Schlussverkauf in den Warenhäusern, einen Okkasionspreis. Sechshundert Schilling, einverstanden? Oder gehen Sie dann in die Berufung, und die ganze Wurst geht wieder von vorne weiter?«

Ich warf einen verstohlenen Blick zu unserem Anwalt. Der deutete ein lebhaftes Nein an.

»Nein«, sprach auch ich. »Keine Berufung.«

Da setzte der Richter sein Kapperl auf und verurteilte mich im Namen der Republik zu 600 Schilling Geldstrafe. Doch das war keineswegs schon das Ende der Geschichte. Der wahre, geradezu umwerfende Schluss sollte noch kommen. Kaum war die Verhandlung geschlossen, da entledigten sich der Richter und seine zwei Beisitzer wie auf Kommando ihrer bei dieser unerträglichen Hitze noch zusätzlich wärmenden Talare – und standen zu dritt in ihren traditionellen Steireranzügen aus dünnem und vergleichsweise luftigem Jägerleinen da. Wir aber, der Anwalt und ich, schwitzten immer in normalen Straßenanzügen. Mit Krawatten, um der Würde des Gerichts die rechte Ehre zu erweisen. »Herr Vorsitzender«, sagte ich zum Richter, obwohl doch der nach dem offiziellen Schluss der Verhandlung gar kein Vorsitzender mehr war, »ich sehe, dass wir einen Fehler gemacht haben. Wir hätten auch in kühlen steirischen Jägerleinenanzügen über den Semmering in die Steiermark vordringen sollen ...«

Ein letztes Mal unterbrach mich da der Richter, obwohl er auch kein solcher mehr war. »Da sind Sie aber in einem grundsätzlichen Irrtum befangen«, klärte er mich auf. »Wenn Sie im Steireranzug hier erschienen wären, hätte ich Sie nicht mit dem Okkasionspreis von 600 Schilling davonkommen lassen!« Und dann mit einem Blick auf seine Steireranzug-gewandeten Beisitzer: »Wenn Sie aus Wien in einem Steireranzug dahergekommen wären – das hätten wir als blasphemisch empfunden!«

Zwischen Wienern und Steirern herrscht ja seit jeher schon eine Art liebevoller Fehde. Für die Wiener sind die Steirer ein wildes, kaum noch von der Zivilisation beleckte Bergvolk, das sich hinter dem Semmering trotzig verbockt hält. Für die Steirer sind die Wiener ewige Besserwisser und dazu auch noch Schmarotzer, die sich an dem steirischen Wasser, das aus dem Gebiet des Hochschwab in schier unerschöpflicher Menge und in kristallklarer Qualität nach Wien rinnt, gütlich tun – und das auch noch gratis.

So nimmt es denn kein Wunder, dass, noch viele Jahre nach meinem denkwürdigen Grazer Gerichtsprozess, einige steirische Politiker allen Ernstes verlangt haben, man möge doch künftig die Wiener für ihr steirisches Wasser zahlen lassen. Der Plan soll dem Vernehmen nach erst fallen gelassen worden sein, als die Wiener als Vergeltung ihrerseits mit einer Einfuhrsperre für das – in der Qualität dem steirischen Wasser zumindest gleichwertige – steirische Bier gedroht haben.

Wahr ist aber jedenfalls, dass die schlauen Steirer für ihr Wasser zweimal kassiert hätten. Das erste Mal ist nämlich schon Seine Apostolische Majestät, der gut alte Kaiser Franz Joseph also, in Vorlage getreten: als er im Zug der Errichtung der Hochquellwasserleitung vom Hochschwab nach Wien seinen steirischen Untertanen ihr Wasser ein- für allemal huldvoll abgekauft hat.

Als die Dorsch den Weigel schlug

Eine grundsätzlich andere Methode als die Opernsängerin Grob-Prandl hat in dem fast schon archaisch anmutenden Match der Schauspieler gegen die Kritiker einstens die berühmte Tragödin Käthe Dorsch angewendet. Als die einmal von dem meisterhaften Literaten und formvollendeten Kritiker Hans Weigel mit einer – ihrer Meinung nach natürlich ungerechtfertigten – schlechten Rezension bedacht worden war, lag ihr der Weg zu Gericht völlig fern. Vielmehr passte sie den unliebsamen Kritiker vor dessen Stammlokal, dem »Café Raimund« gegenüber dem Wiener Volkstheater, ab, trat dann mit der wohl nur rhetorisch gemeinten Frage »Sind Sie Hans Weigel?« auf den endlich Herauskommenden zu und hatte diesem, ehe er noch antworten konnte, auch schon eine gewaltige Ohrfeige versetzt.

Was Weigel in seiner Kritik genau geschrieben hatte, ist mir nicht mehr in Erinnerung, kann aber wohl als unerheblich aufgefasst werden. Erstens einmal sind Ohrfeigen in jedem nur denkbaren Fall als Argumente recht untauglich. Zweitens aber hätte ich mich bei jeder Beurteilung des Kampfes Dorsch contra Weigel wohl für befangen erklären müssen, einfacher Grund: mit dem von mir jederzeit geschätzten Weigel war ich befreundet, Frau Dorsch hingegen habe ich persönlich gar nicht gekannt.

Es kam damals zu dem seltenen Sachverhalt, dass nicht die empörte Schauspielerin den verhassten Kritiker, sondern vielmehr der geohrfeigte Kritiker die von ihm abfällig rezensierte Mimin bei Gericht verklagt hat. Wer aber den geistreichen und stets originellen Hans Weigel auch nur einigermaßen gekannt hat, der war sich auch sicher, dass es dem geohrfeigten Kritiker wohl primär gar nicht um die rabiate Attacke der furiosen Tragödin gegangen war. Auch den Verlust der Brille, die unter der Wucht der Dorsch-Watschen zu Bruch gegangen war, hätte Weigel leicht verschmerzt. Der Kläger wollte weder seine Ehre wiederhergestellt wissen, noch seine Brille ersetzt bekommen. Er hatte anderes im Sinn.

Als Hans Weigel nämlich vom Richter gefragt wurde, ob er denn eine Bestrafung der Beschuldigten Käthe Dorsch verlange, antwortete Weigel mit allen Anzeichen einer Überraschung, wie sie auch die versierte Darstellerin Käthe Dorsch nicht besser zu spielen imstande gewesen wäre:

»Bestrafung – nein! Psychiatrierung!«

Das passte so richtig zu Hans Weigel, der ja Zeit seines Lebens nicht nur ein Autor von hohen Graden und ein gleichermaßen feinsinniger wie scharfzüngiger Kritiker gewesen ist – seine verdienstvolle Rolle als unermüdlicher Förderer junger Schriftsteller ist heute fast schon vergessen –, sondern seinen Freunden auch als virtuoser Blödler in ewiger Erinnerung ist.

»Blödler?«, mögen da manche erstaunt fragen. »Der Weigel ...?«

Ach ja, da ging es natürlich nicht etwa um primitive Blödeleien, sondern um geistreiche Wortspiele auf höchstem Niveau. Weigel hat übrigens unter dem Titel »Blödeln für Anfänger« ein höchst vergnügliches Buch geschrieben. Er hat es ausdrücklich seinen »Freunden Friedrich Gulda und Paola Löw, den Meisterblödlern« gewidmet. Die Schauspielerin Paola Löw war damals die Ehefrau des berühmten Pianisten – beide sind leider nicht mehr am Leben. Mit angemessenem Dank aber durfte ich registrieren, dass Weigel in einer handschriftlichen Widmung in seinem Buch auch mir gewisse Qualifikationen als Blödler attestiert hat.

Wie geht nun ein solches meisterhaftes Blödeln vor sich? Zum Beispiel, nur stichprobenartig erwähnt, durch das Reh-Spiel, das Weigel zwar nicht erfunden, aber virtuos weiter entwickelt hat. Das »h« im Reh muss man vergessen, aber dann geht es schon los. Etwa: Was ist ein »Rebus«? Ein Bilderrätsel vielleicht? Aber nein: ein Verkehrsmittel für Rehe! Retorte? Eine Mehlspeise für Rehe, gebacken eventuell von Rebecca (»Reh-Bäcker«). Rebell? Die Aufforderung an ein Reh, sich wie ein Hund zu verhalten. Reserviere? Der einem Tennis spielenden Reh erteilte Befehl, mit dem Aufschlag zu beginnen. Realgymnasium? Eine teils von Rehen und teils von Aalen besuchte höhere Lehranstalt. Nonplusultra aller »Rehe«

aber: Was bedeutet »Anna Karenina«? Den Titel eines berühmten Romans der Weltliteratur vielleicht? Keineswegs: Das ist vielmehr die »Vierfach Ablehnung eines Bayern, ein Reh betreffend: »Ah na – ka Reh – nie – na!«

Mit Vergnügen entsinne ich mich noch einer höchst amüsanten und bis in die späte Nacht andauernden Blödel-Sitzung in meiner damaligen Wohnung am Wiener Karlsplatz 2, als Weigel zur Höchstform auflief. Die Definition von Fremdwörten stand damals auf dem Programm. Ein von einem Anwesenden genanntes Fremdwort war falsch zu interpretieren, aber natürlich nicht derart falsch, dass es keine spontanen Assoziationen an die richtige Antwort gegeben hätte. Also etwa: Ein »Mezzanin« ist nicht etwa ein Halbstock, sondern vielmehr ein muselmanischer Gebetsausrufer (Muezzin). Ob es sich aber vielleicht auch um den ständigen Begleiter eines liederlichen Frauenzimmers aus dem Mittelalter (nämlich einer »Metze«), um einen hochherzigen Förderer der schönen Künste (»Mäzen«) oder gar um eine männliche Stimmlage zwischen Tenor und Bariton (Mezzanin als männliches Gegenstück zu dem zwischen Sopran und Alt angesiedelten Mezzosopran) handeln könnte, gilt in versierten Blödler-Kreisen als umstritten.

Weigels ureigene Schöpfung damals am Karlsplatz war die ebenso blitzschnell wie in prägnanter Kürze vorgebrachte Definition des Begriffs »Querulant«. Nur Sekundenbruchteile brauchte Weigel zu seiner Antwort: »Ein Flötenspieler!«.

Auch ich konnte damals, weil wir schon beim Musikalischen angelangt waren, einen von Weigel beifällig aufgenommenen Beitrag leisten, als jemand das Wort »Geigerzähler« ins Spiel brachte: »Ein von einem besseren Symphonieorchester angeheuerter Mitarbeiter, der vor jedem Konzert und jeder Probe die Anwesenheit der Streicher zu kontrollieren hat.«

Ein Azteke? Ein enthaltsam lebender Mensch (Asket). Panorama? Wenn es irgendwo recht angenehm duftet (Aroma). Zum Schluss noch zwei Beispiele für verhältnismäßig weit Fortgeschrittene: Amokläufer? Ein speziell ausgebildeter und vor allem überdurchschnittlich flinker Feuerwehrmann, dessen Aufgabe es ist, bei Bränden oder Explosion eine recht tückische Substanz (Ammoniak!) möglichst schnell aus dem Gefahrenbereich zu schaffen. »O sole mio« aber? Vielleicht ein traditionelles Volkslied aus Italien? Das auch. Aber vor allem auch die von starken Schmerzen an den Gehwerkzeugen diktierte Wehklage eines leider nicht ganz perfekt Italienisch sprechenden fußmaroden Teilnehmers an der Völkerwanderung (»Oh – meine Sohlen ...!«) Prinzipielle Anmerkung: Wer hier etwa erstaunt einwenden wollte, dass es zur Zeit der Völkerwanderung doch noch gar keine italienische Sprache gegeben habe, da beweist er nur, dass er als Blödler völlig talentlos ist und sich besser anderen Vergnüglichkeiten zuwenden sollte.

So ging es dazumalen unter Hans Weigels brillanter Patronanz oft stunden- und nächtelang dahin.

Aber eine Schauspielerin namens Käthe Dorsch, die

unseres Wissens nach auf dem Gebiet des Meisterblödelns noch nie etwas Erwähnenswertes geleistet hat, wagt es, dem Blödel-Virtuosen Hans Weigel eine Watschen hineinzuhauen! Derart ungerecht geht es bisweilen auf dieser Welt zu, nicht nur auf der Theaterszene freilich!

Namenregister